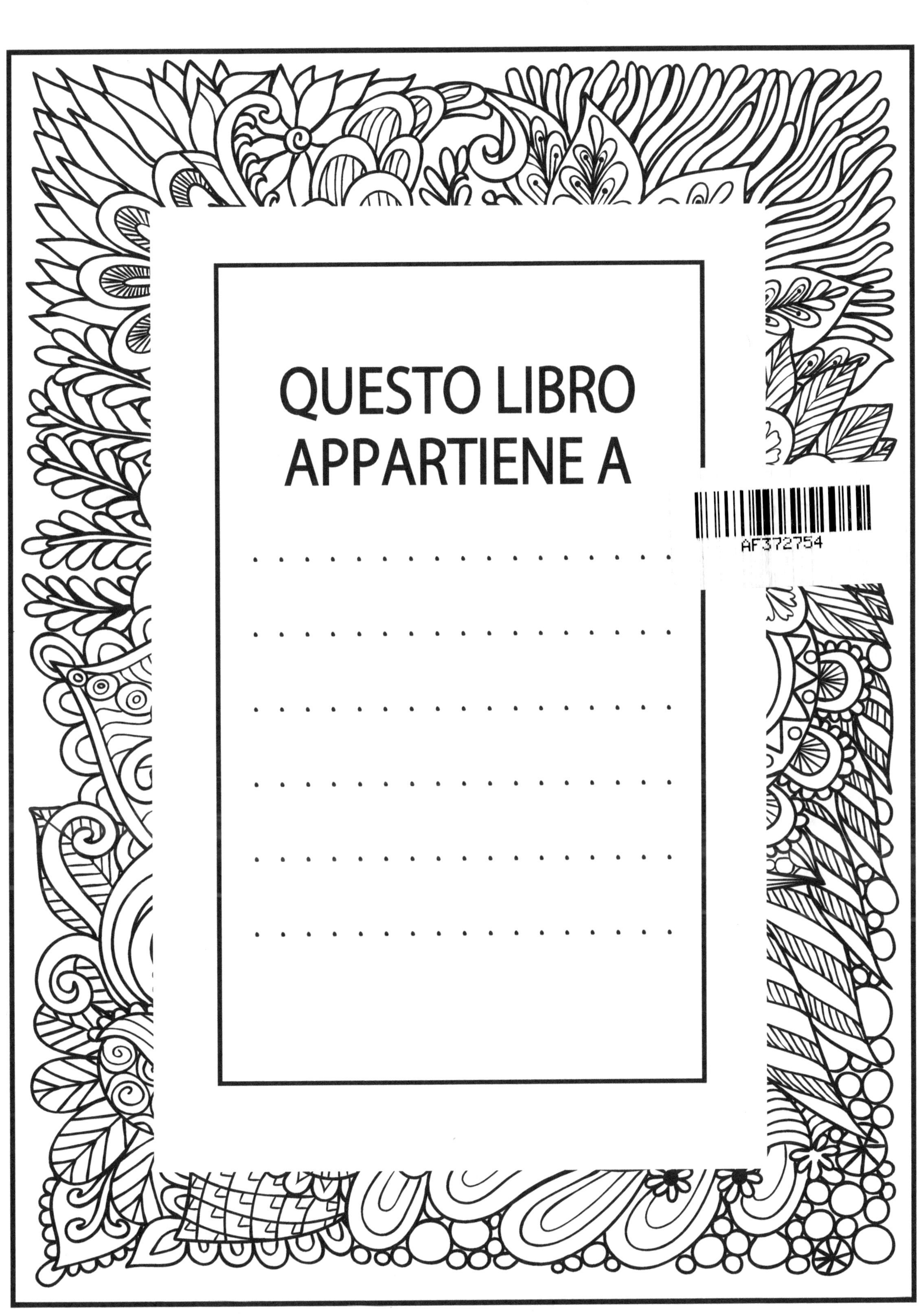

QUESTO LIBRO
APPARTIENE A

COLOR TEST PAGE

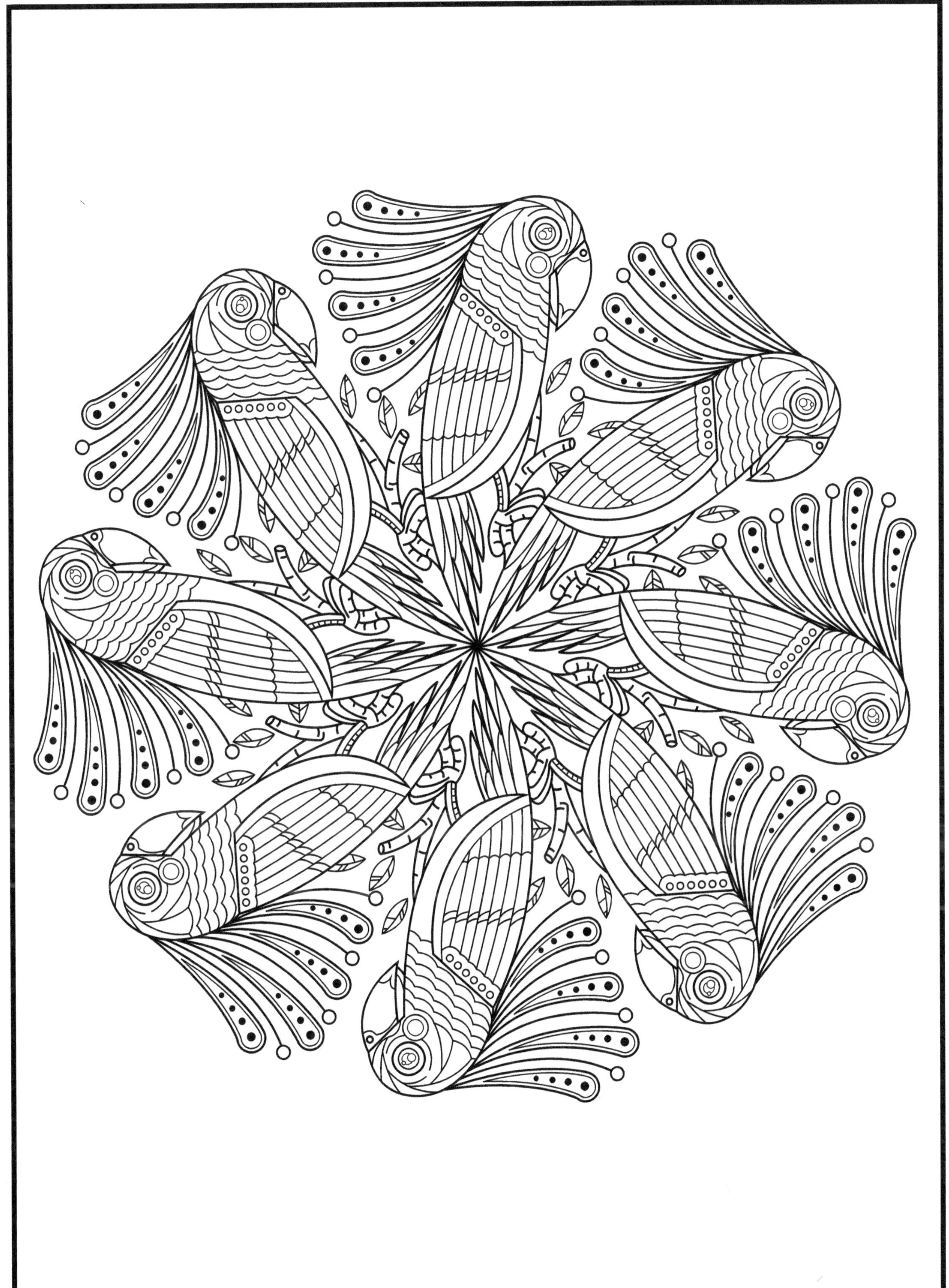

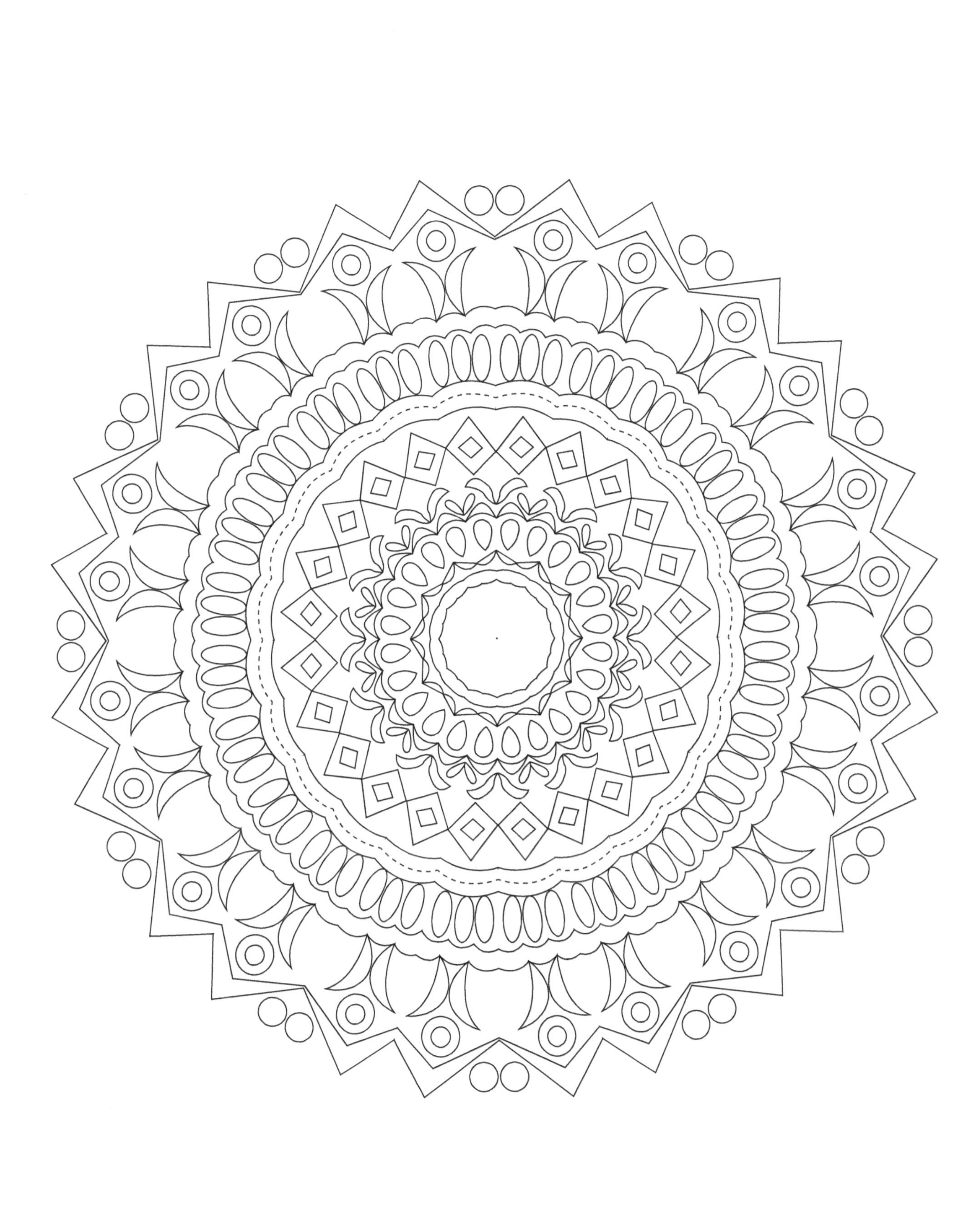

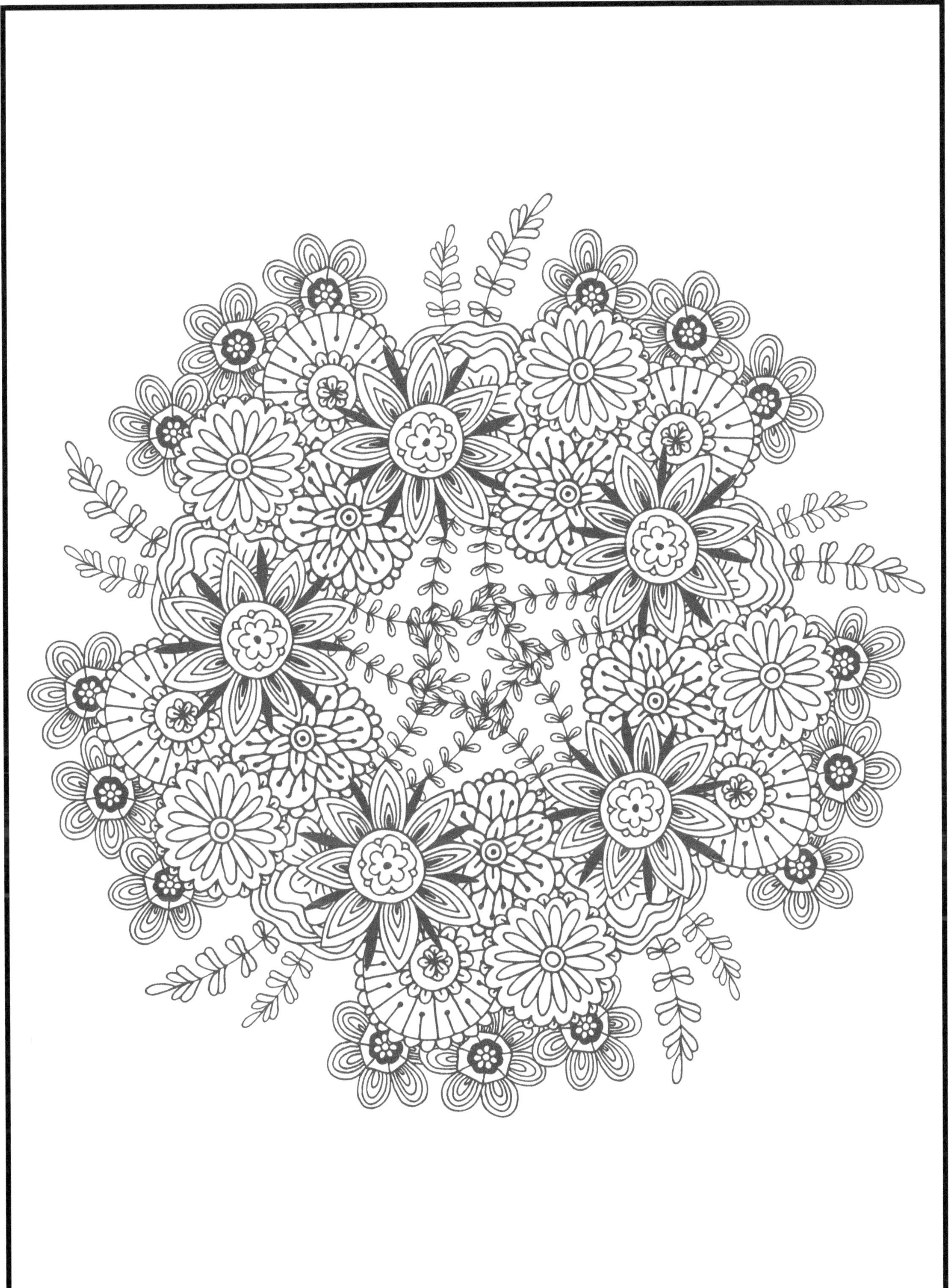

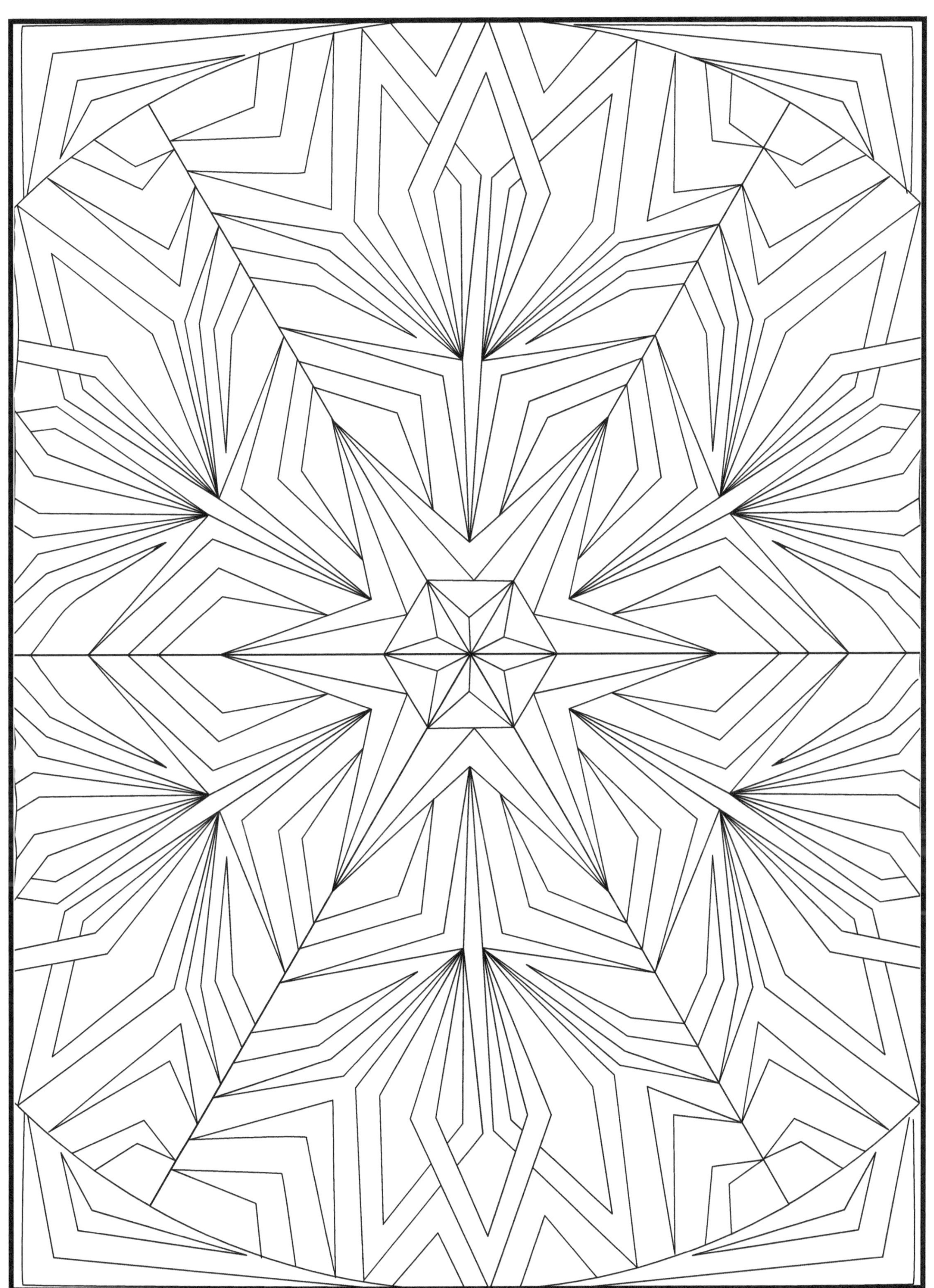

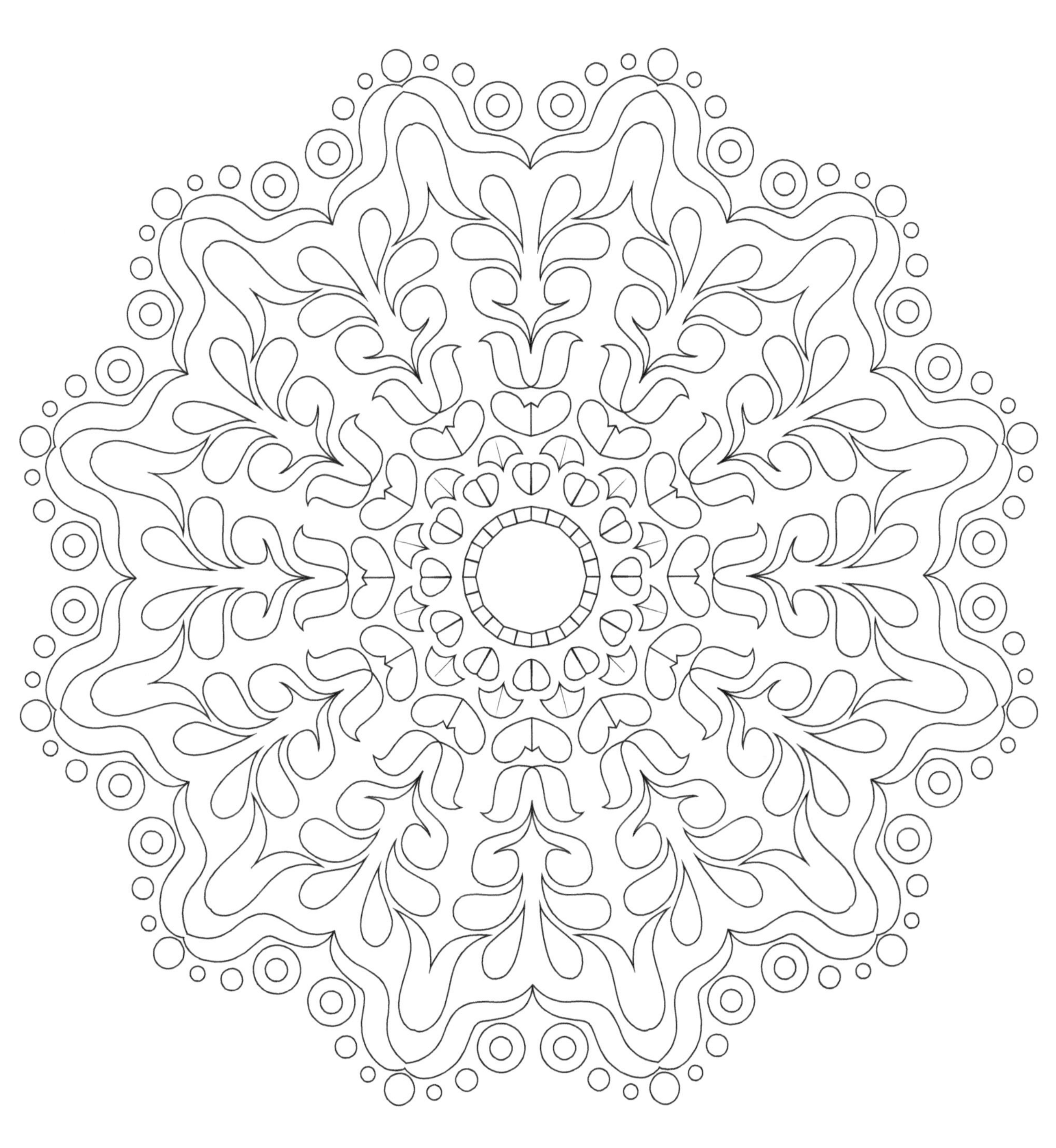

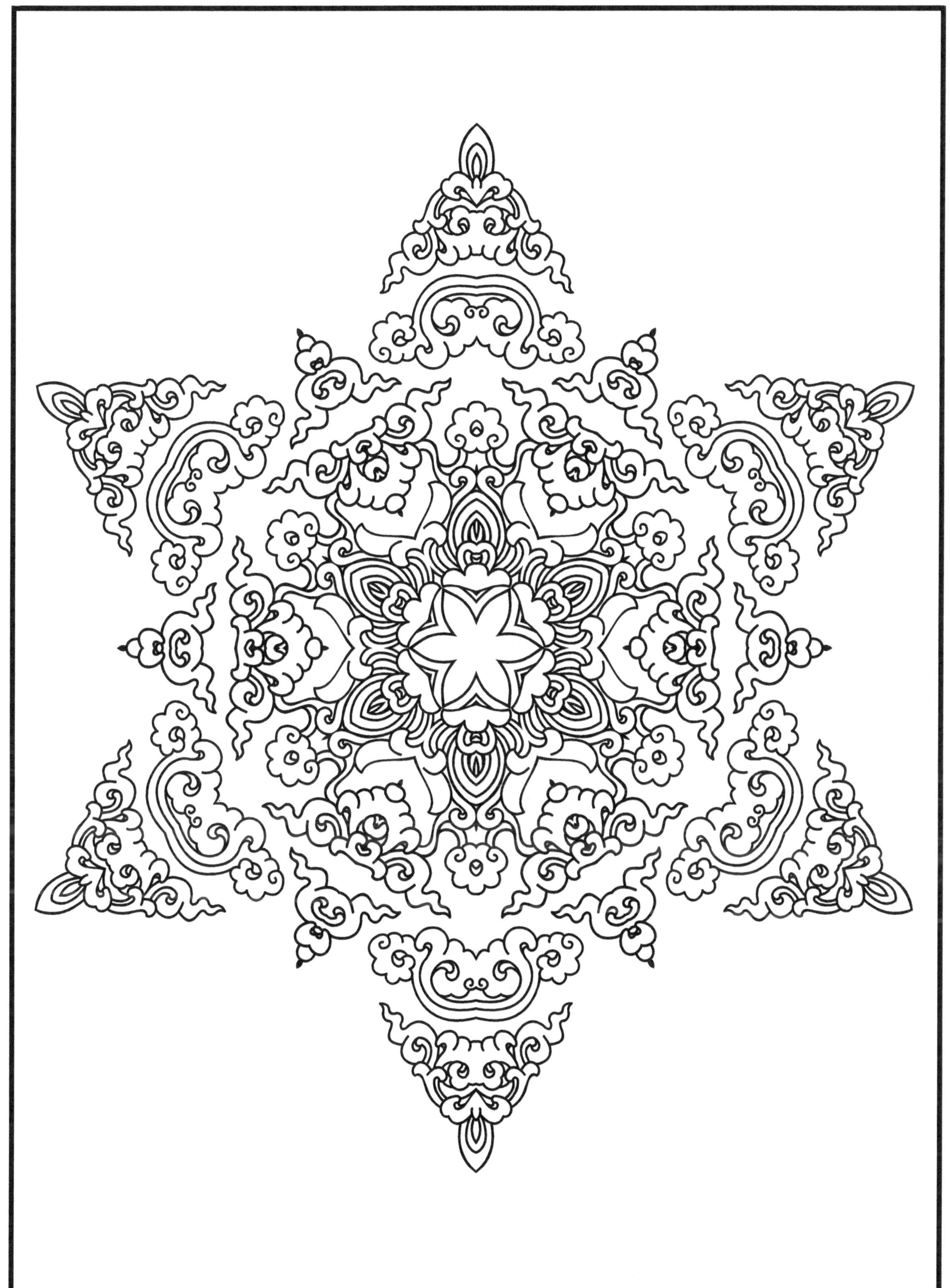

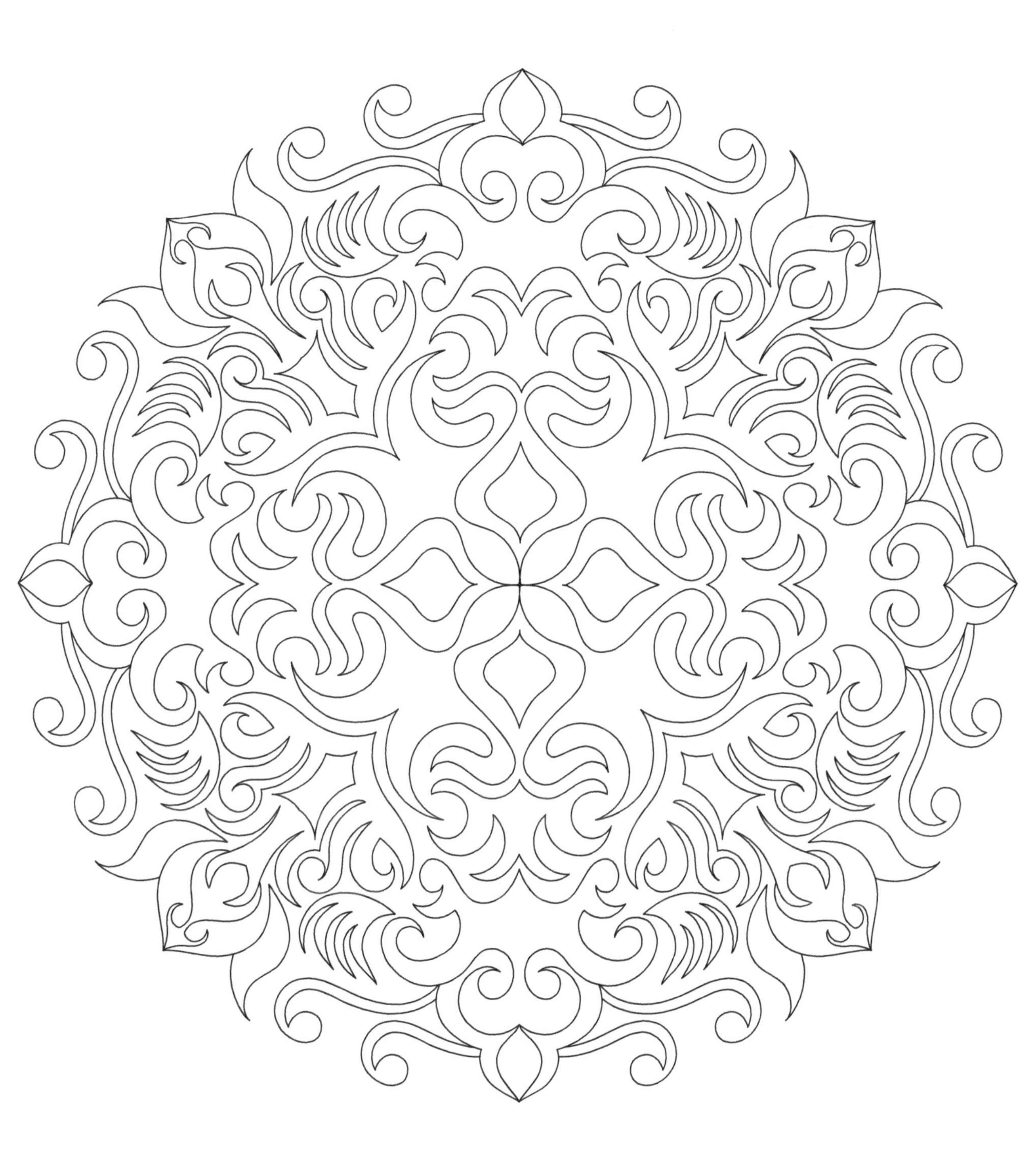

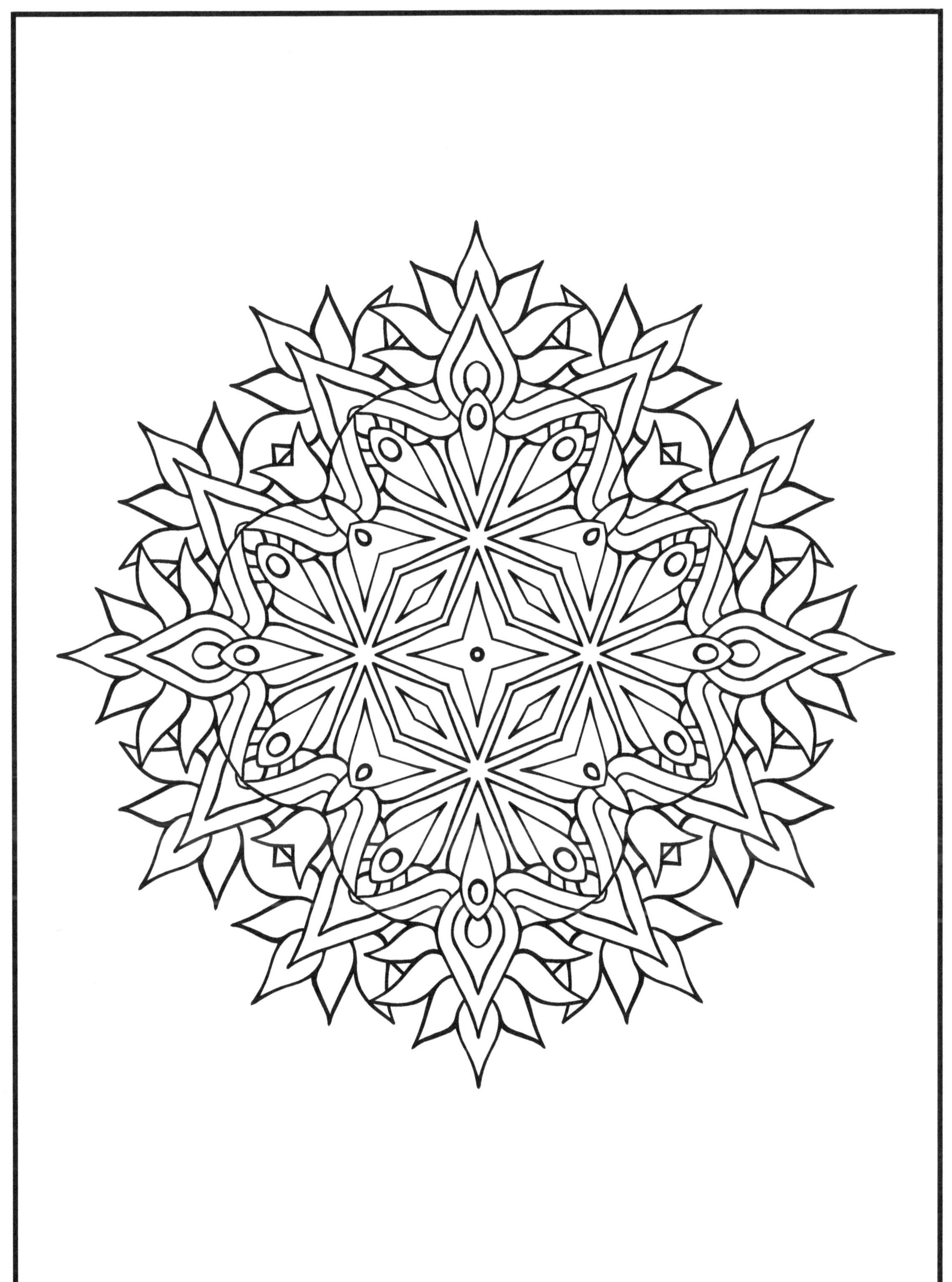

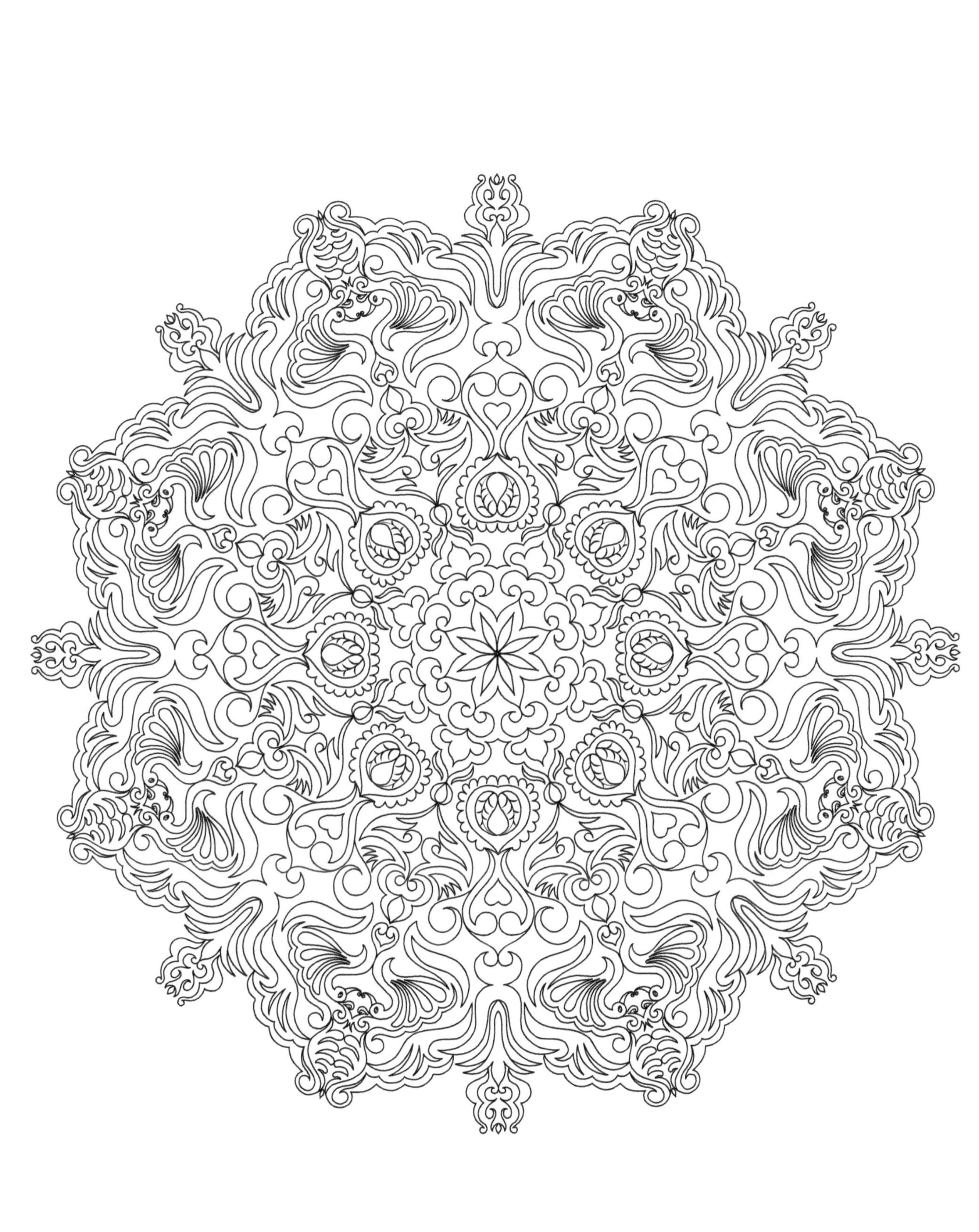

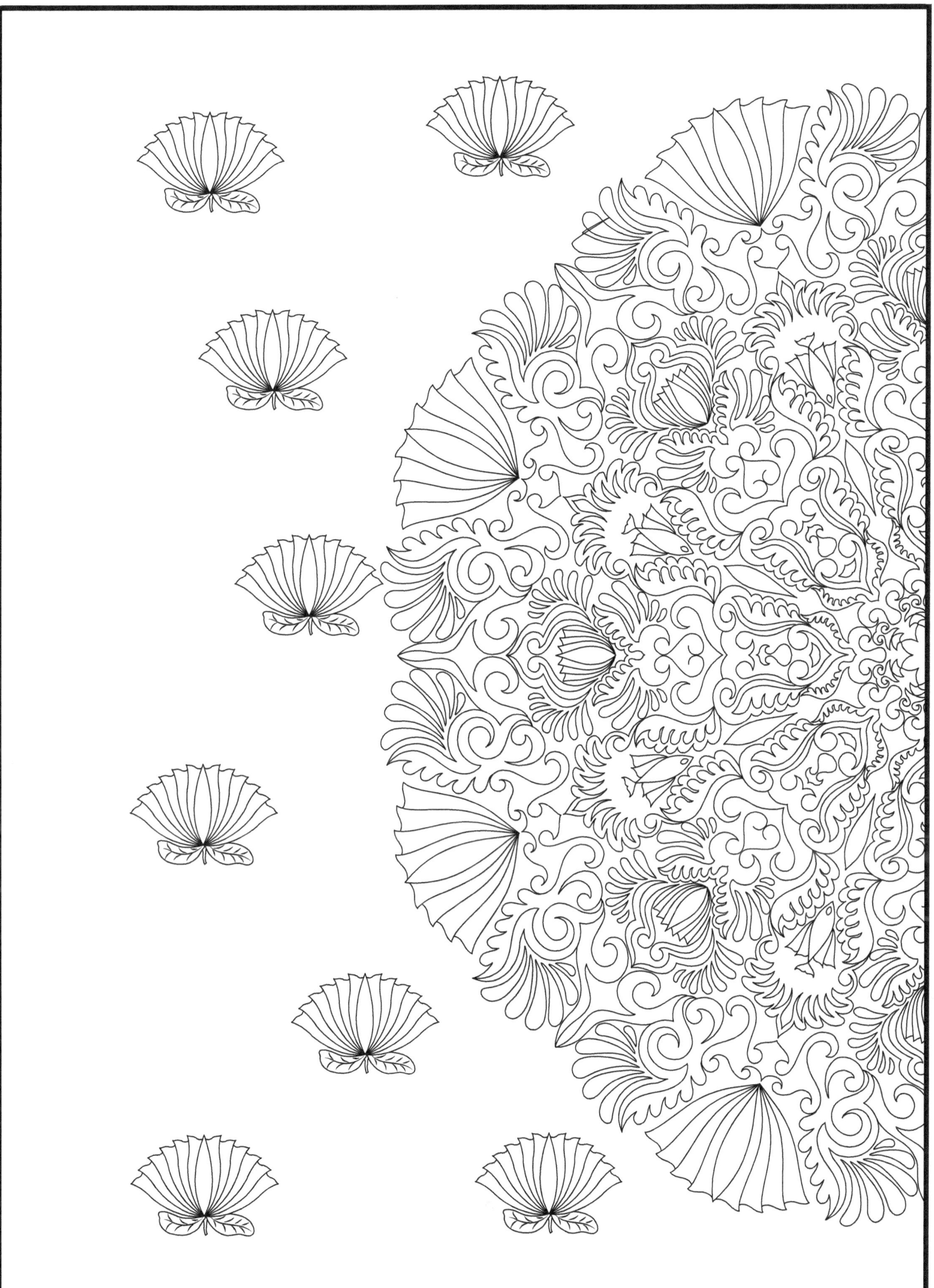

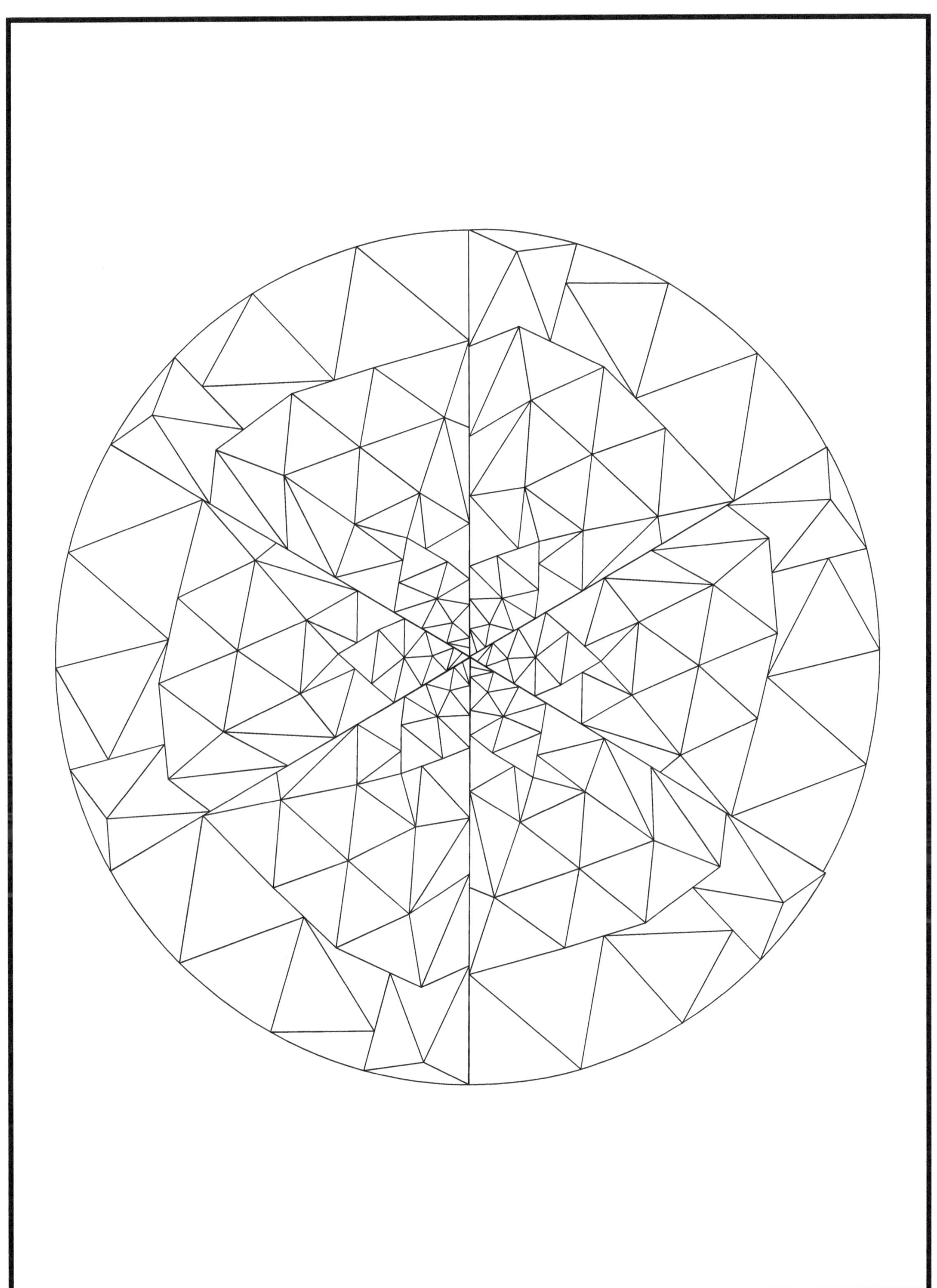

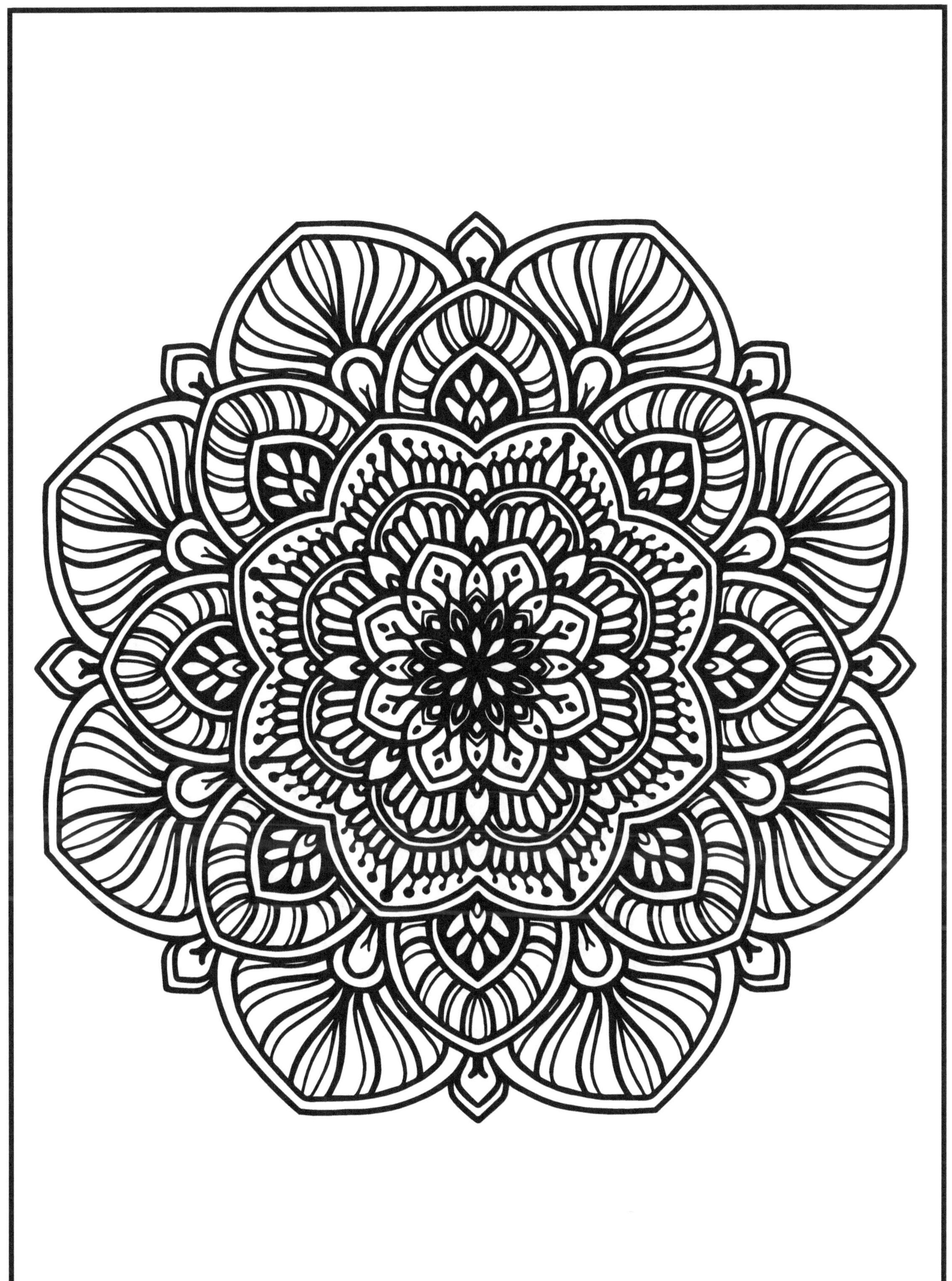

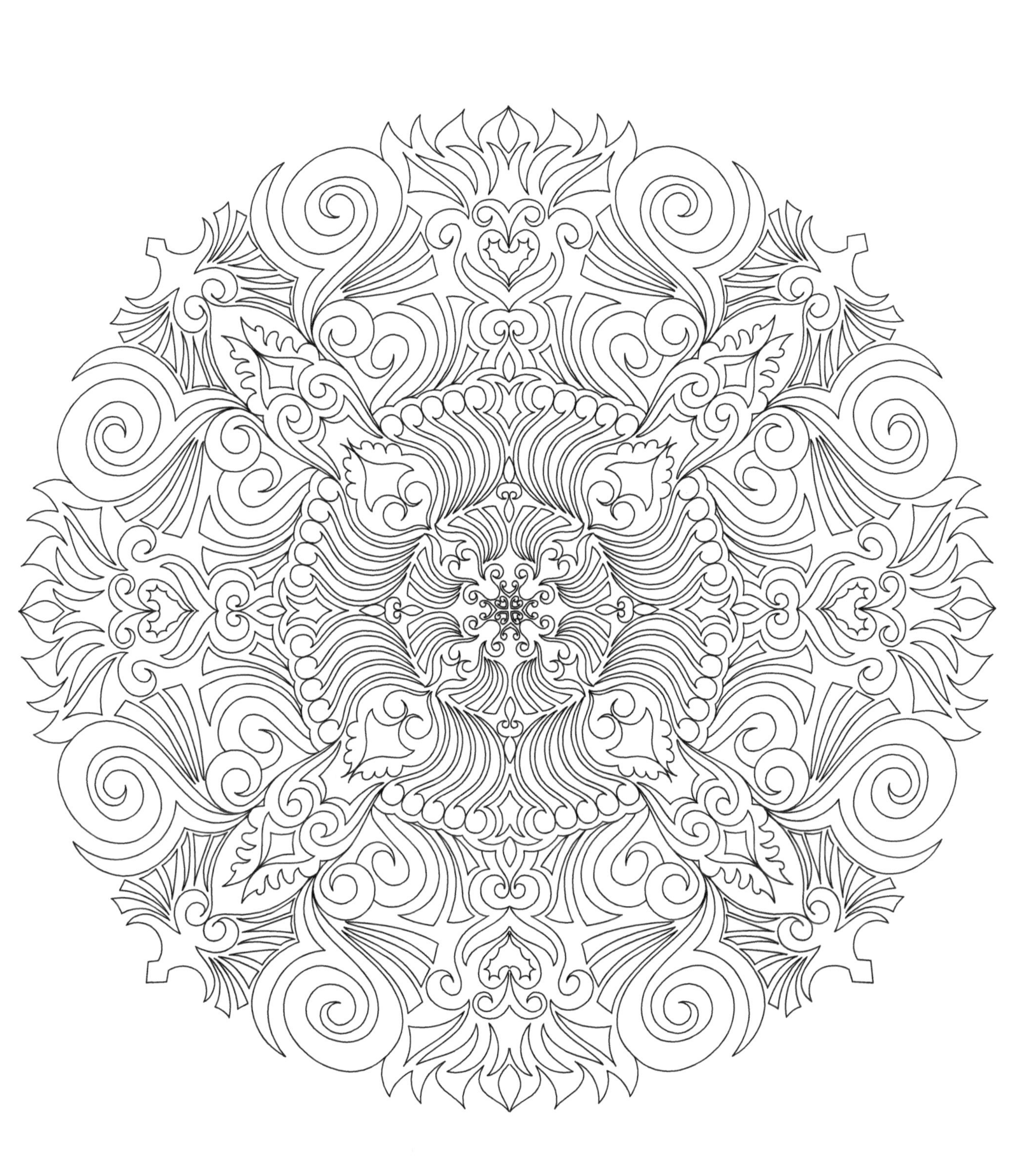

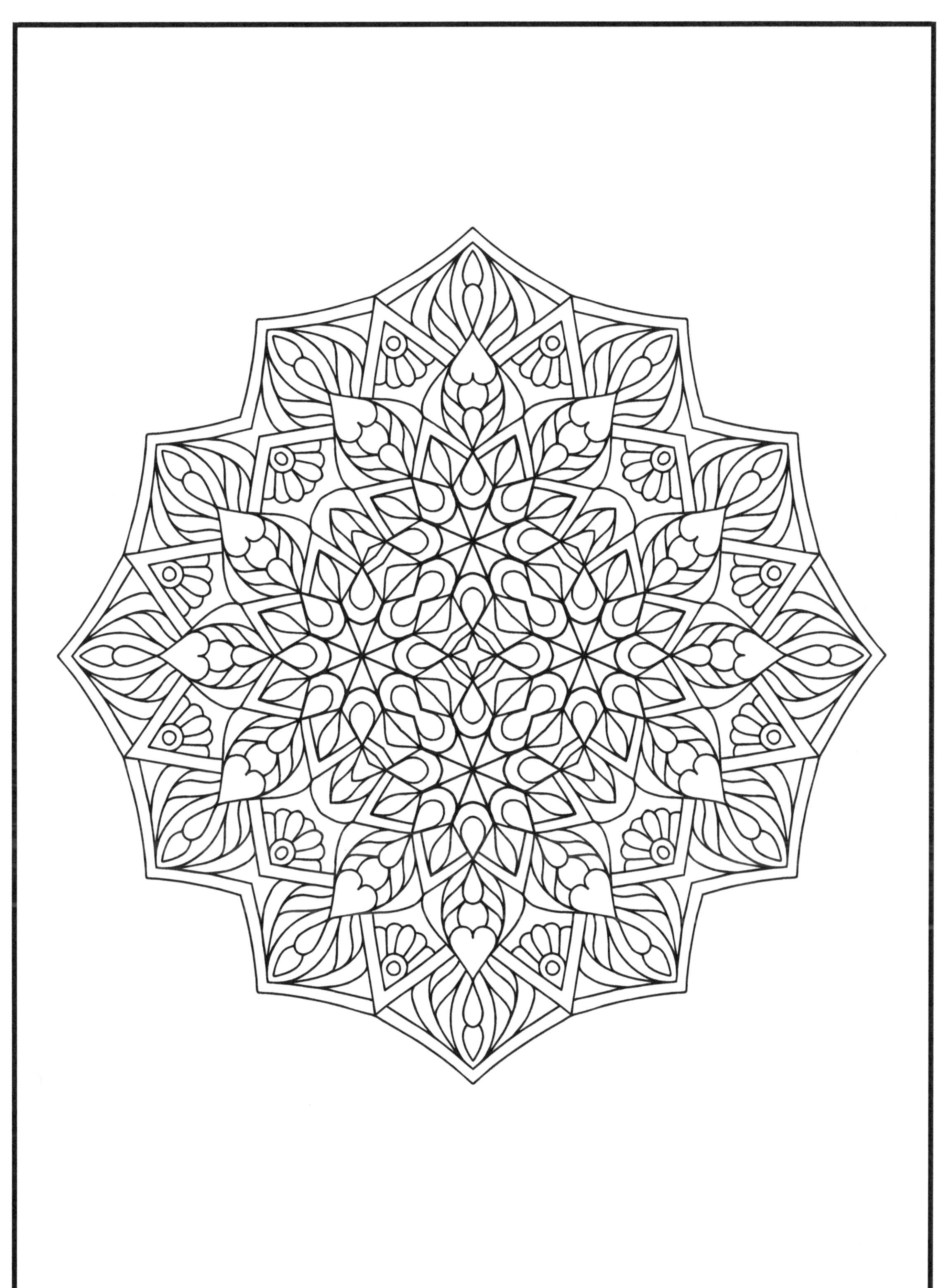

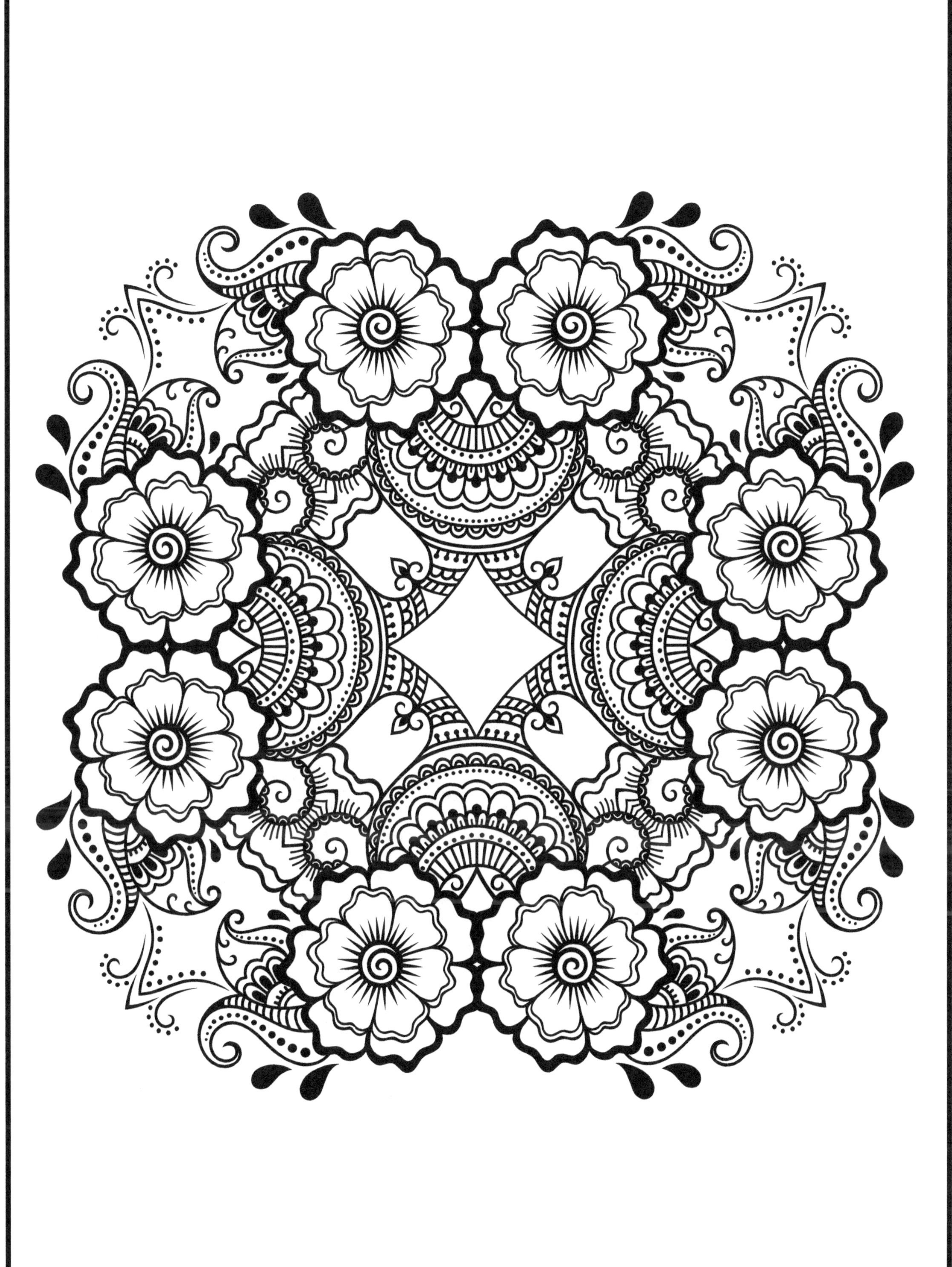

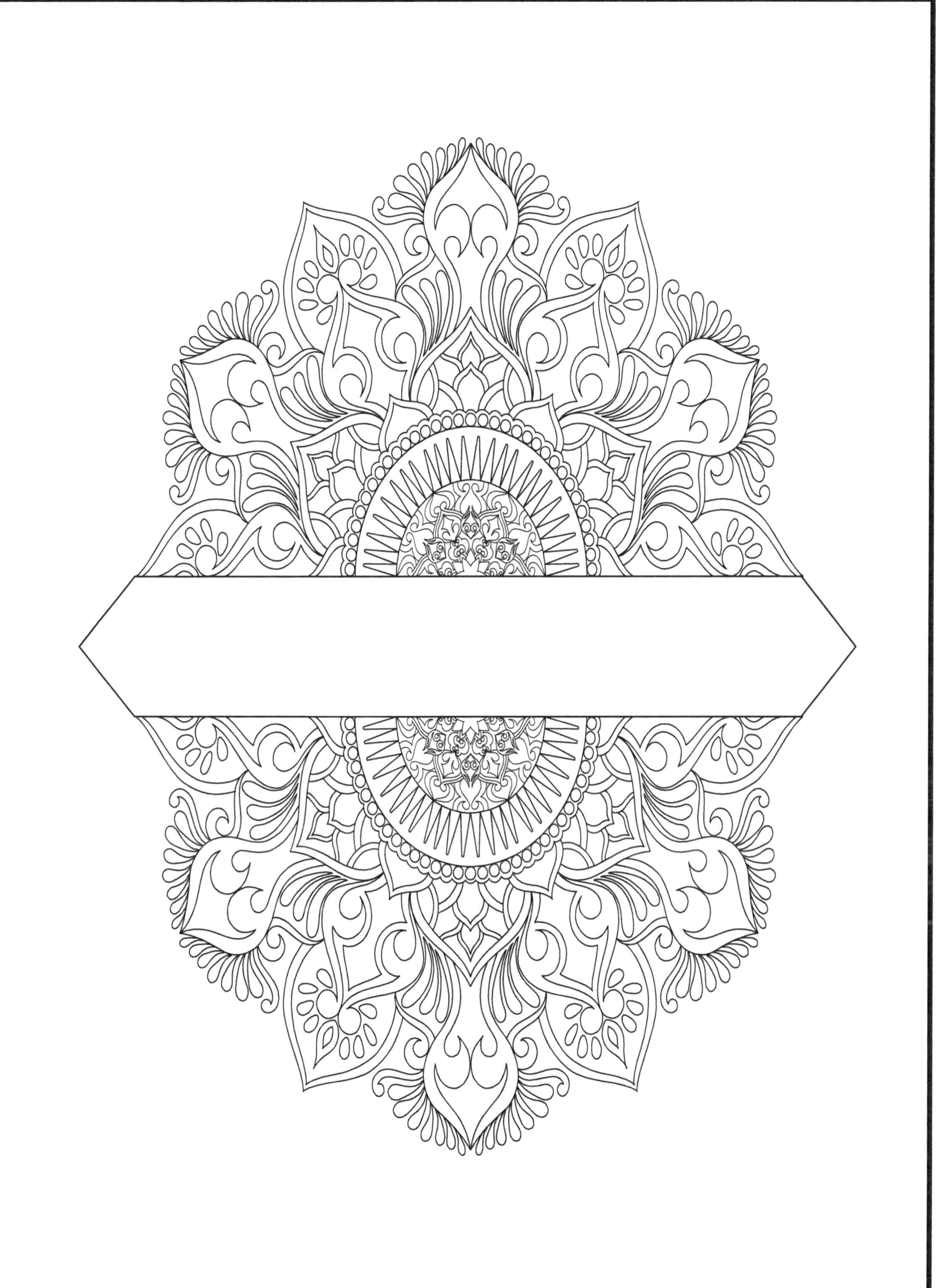

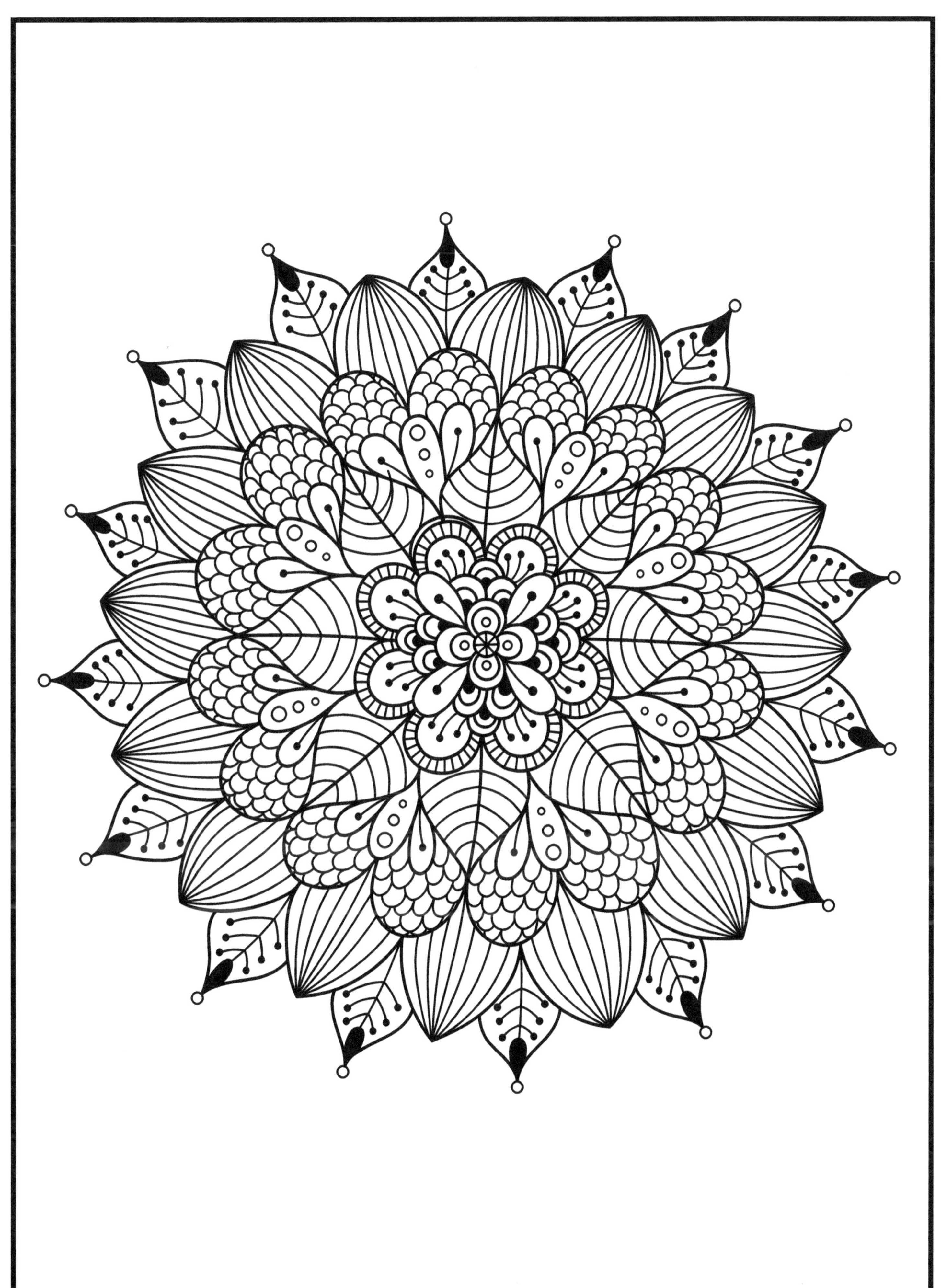

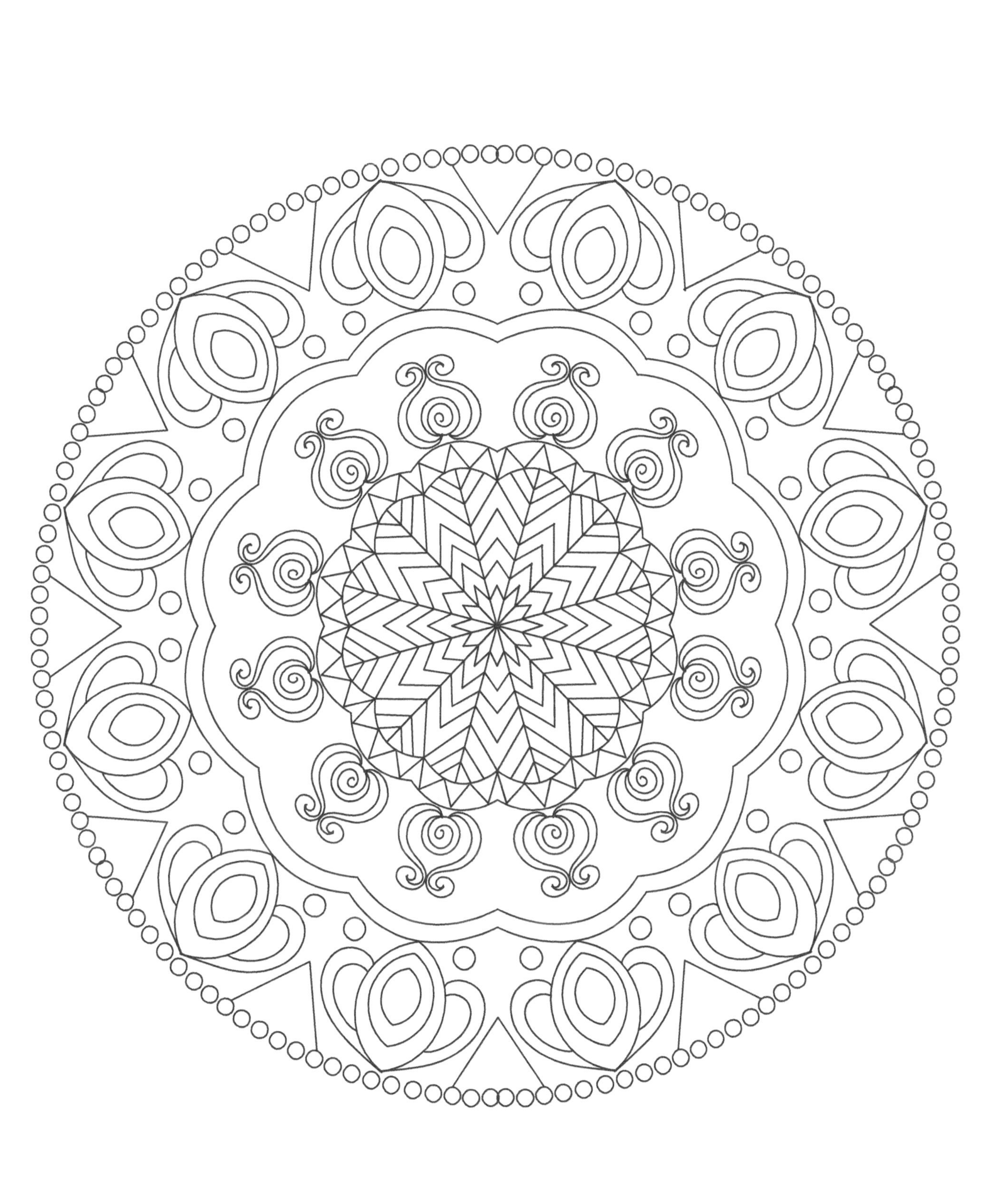

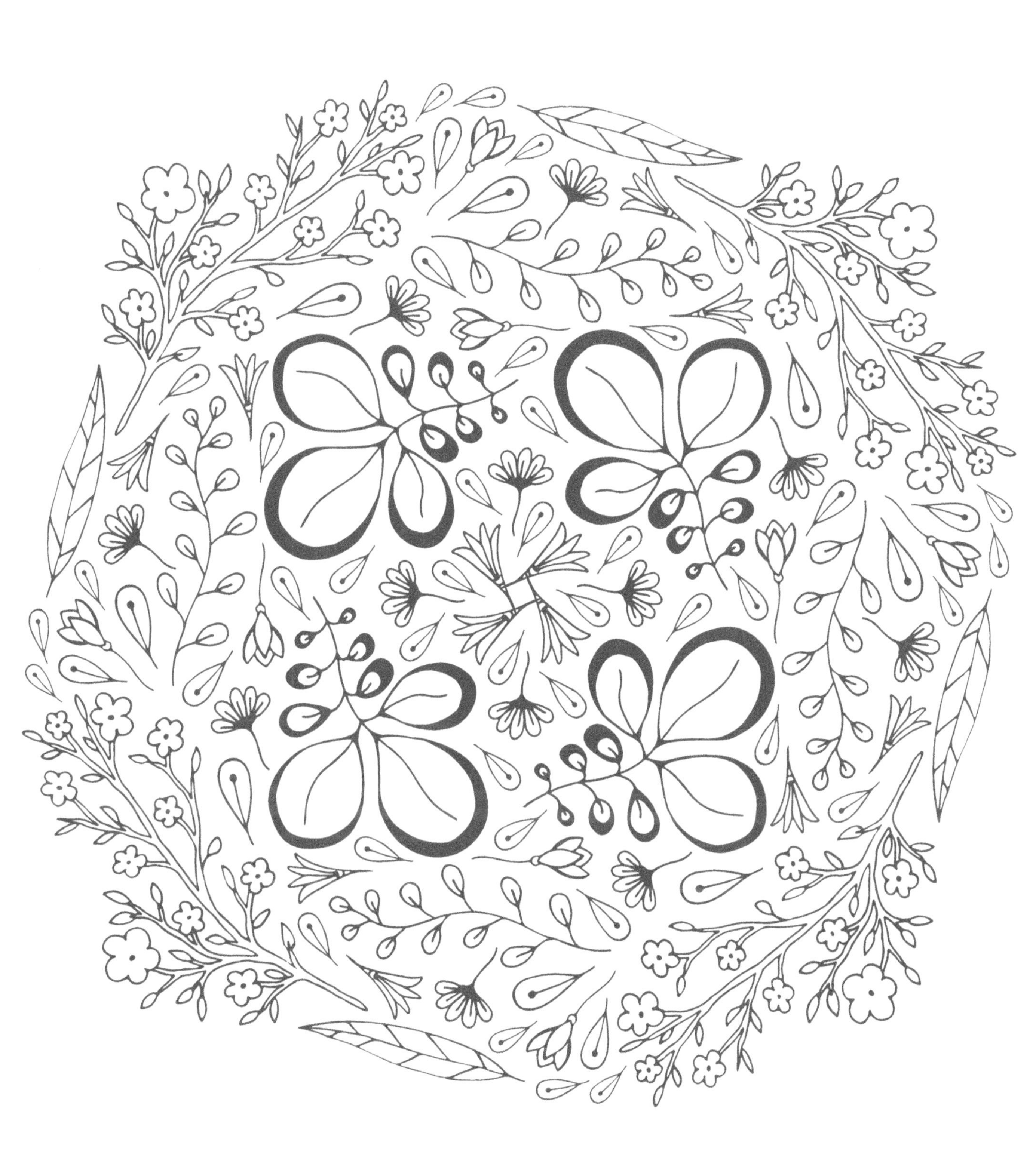

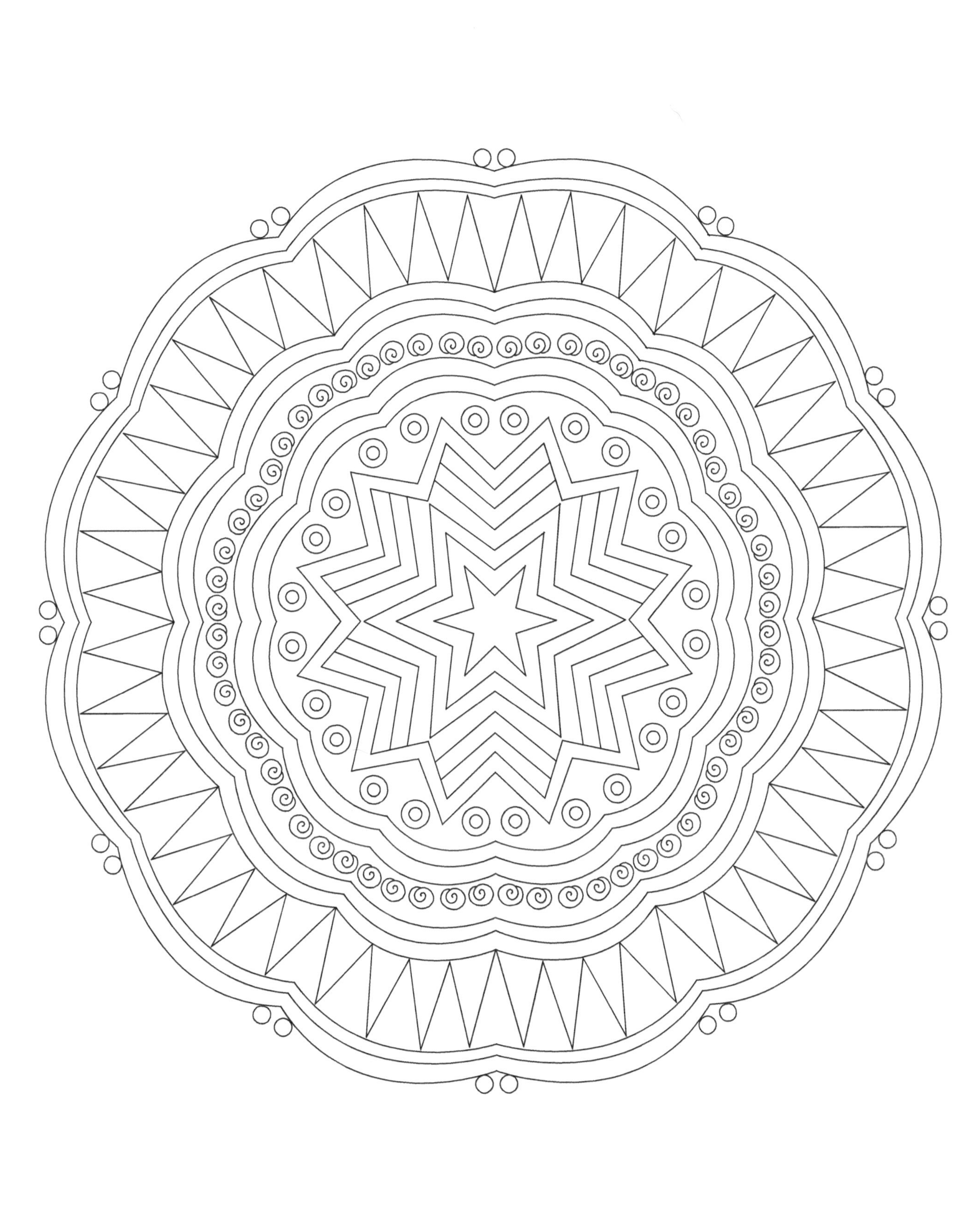

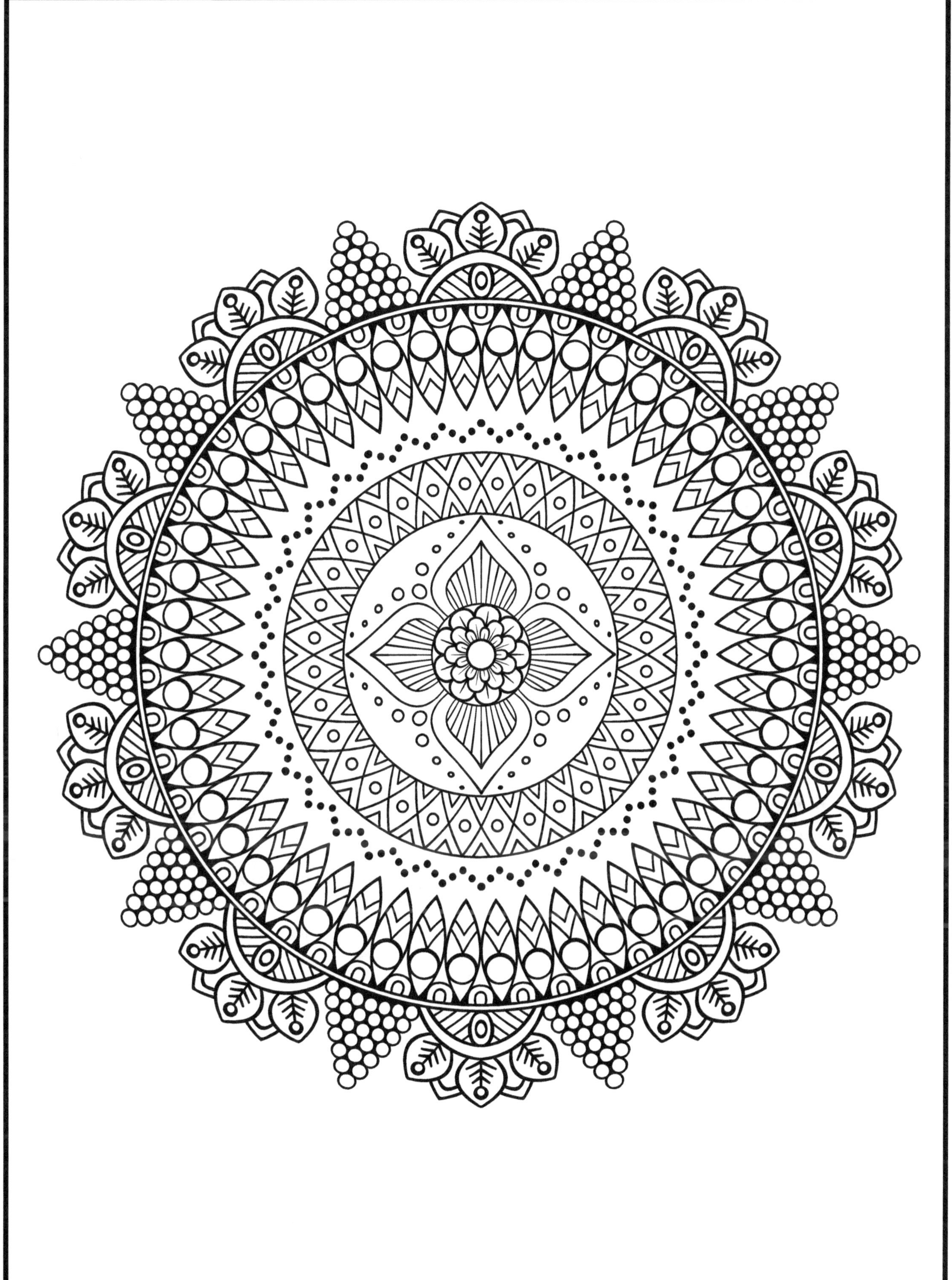

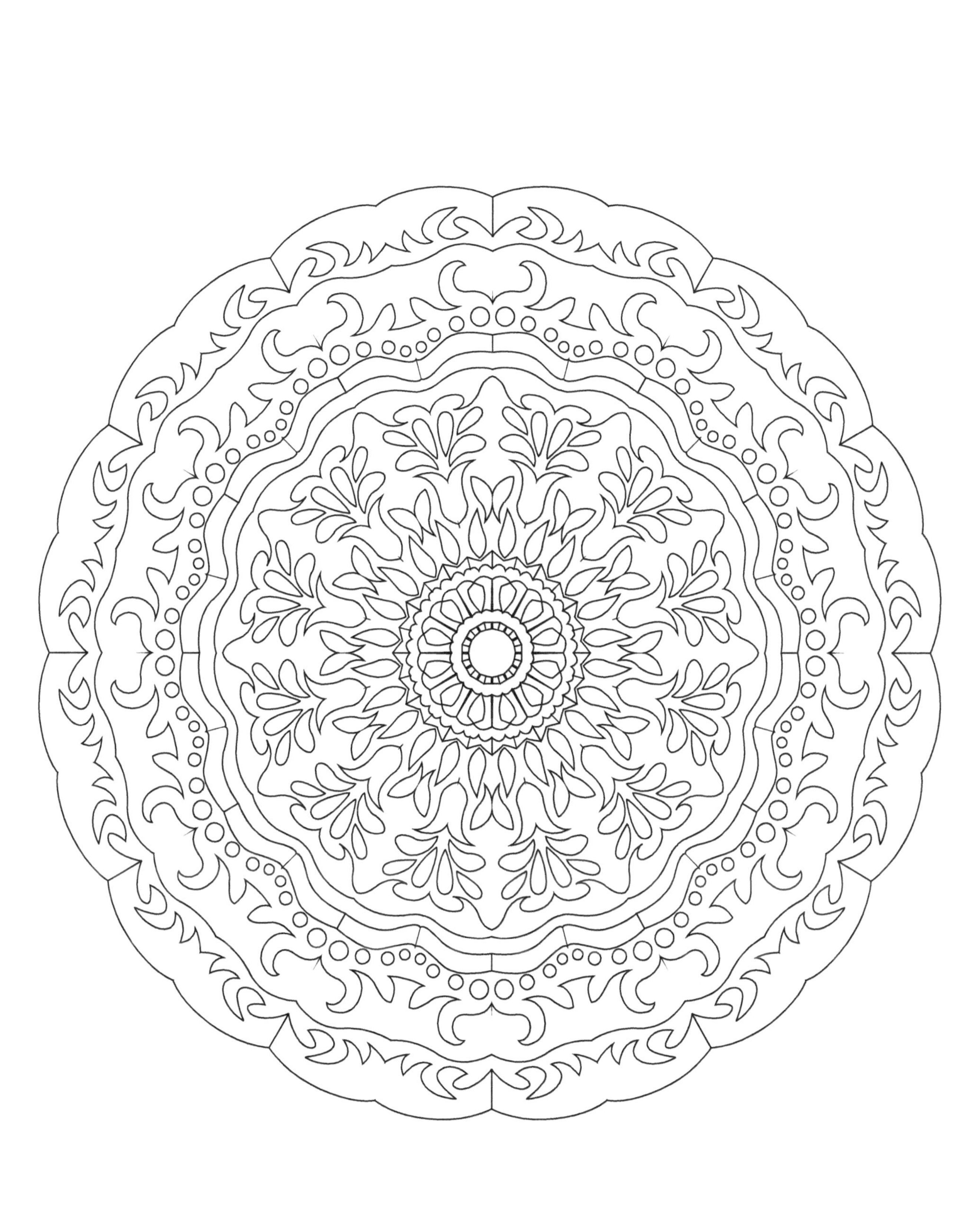

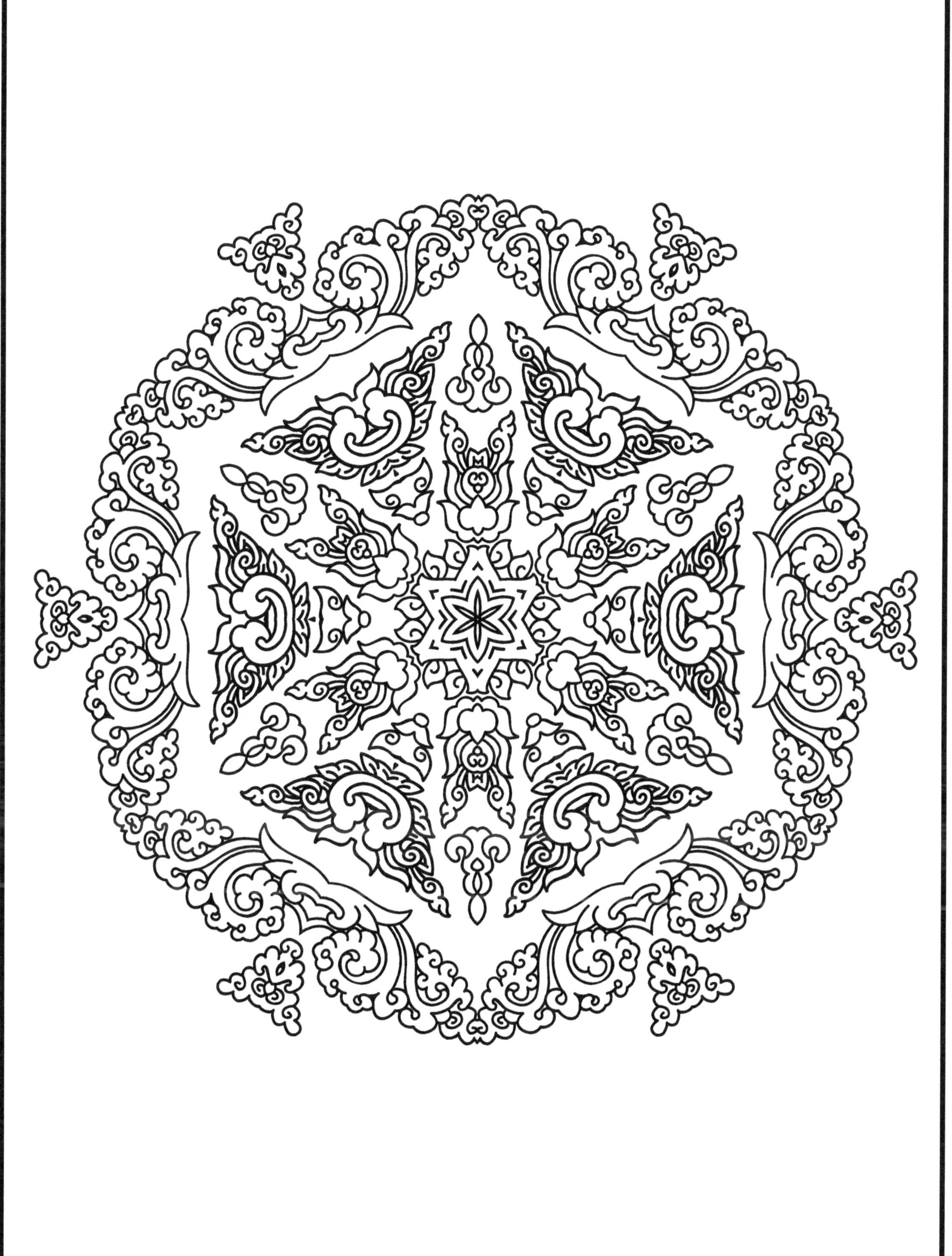

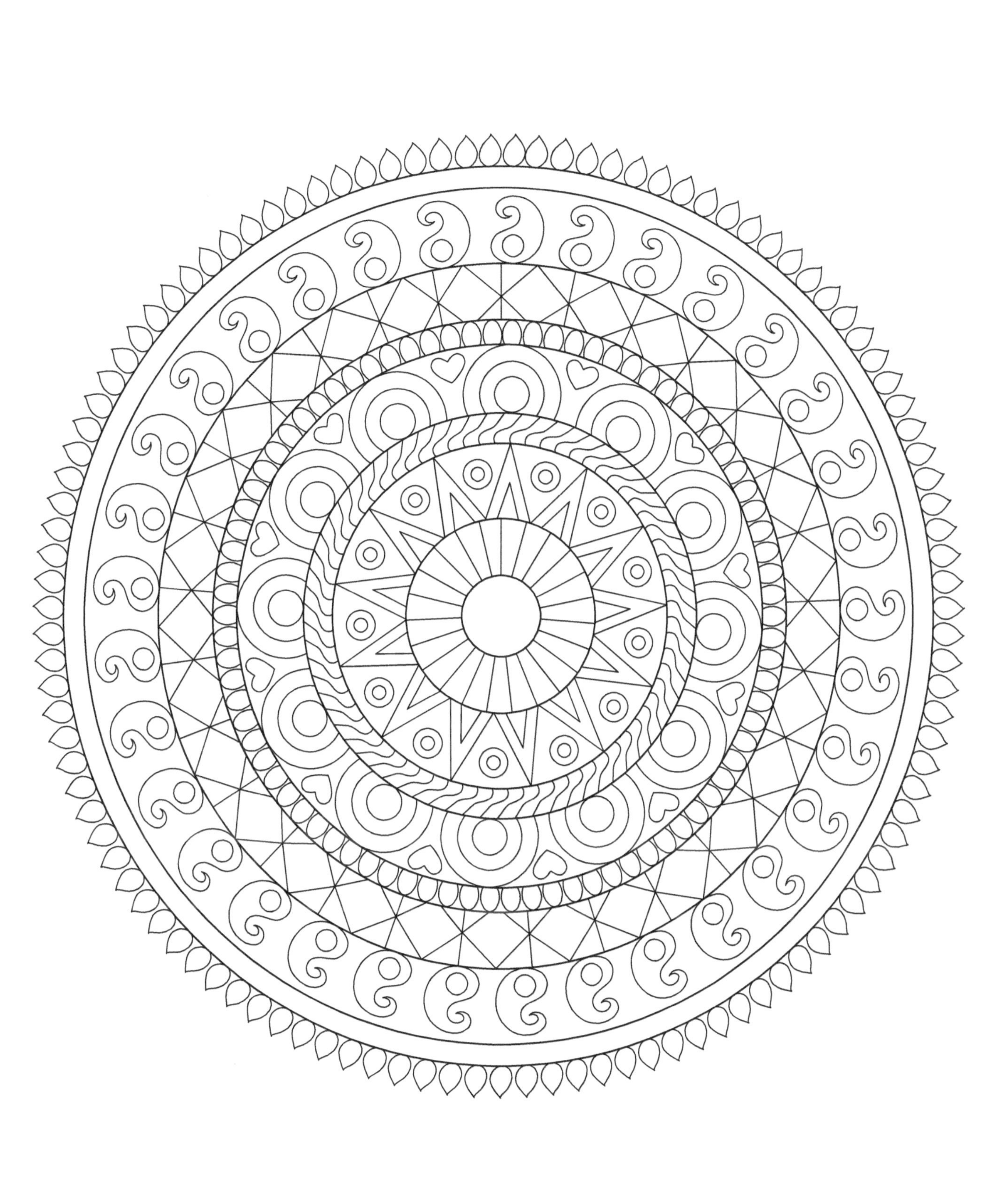

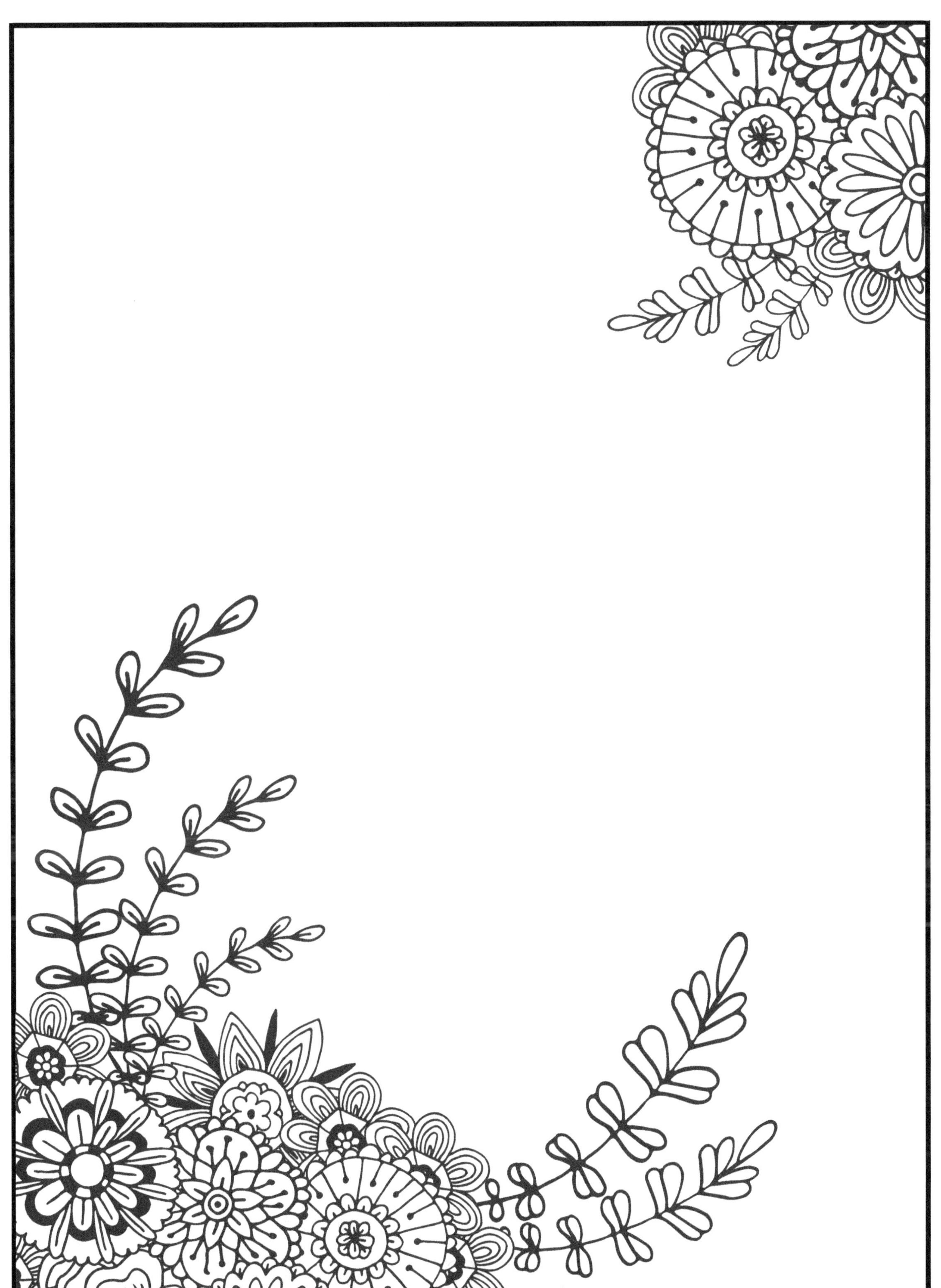

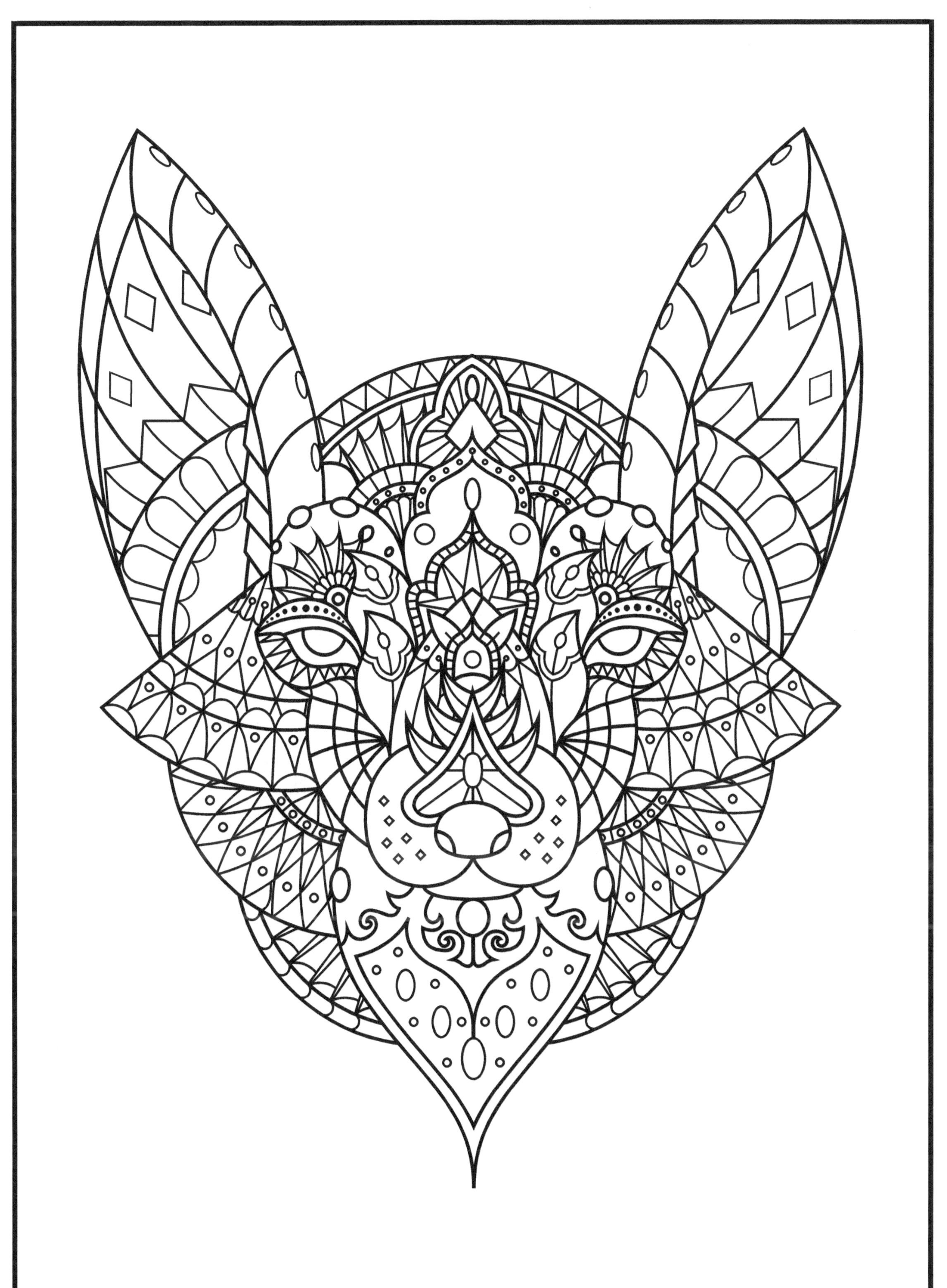

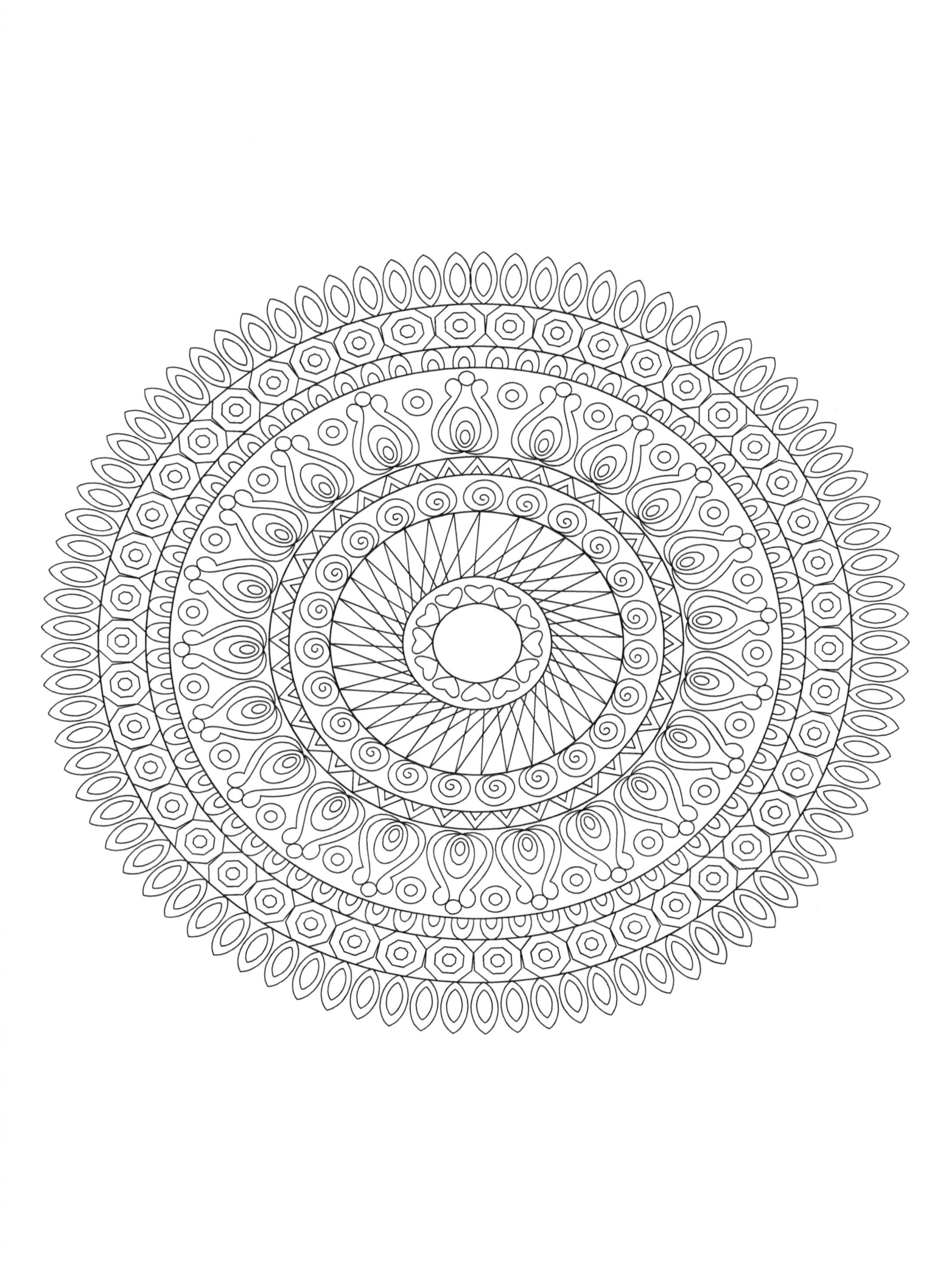

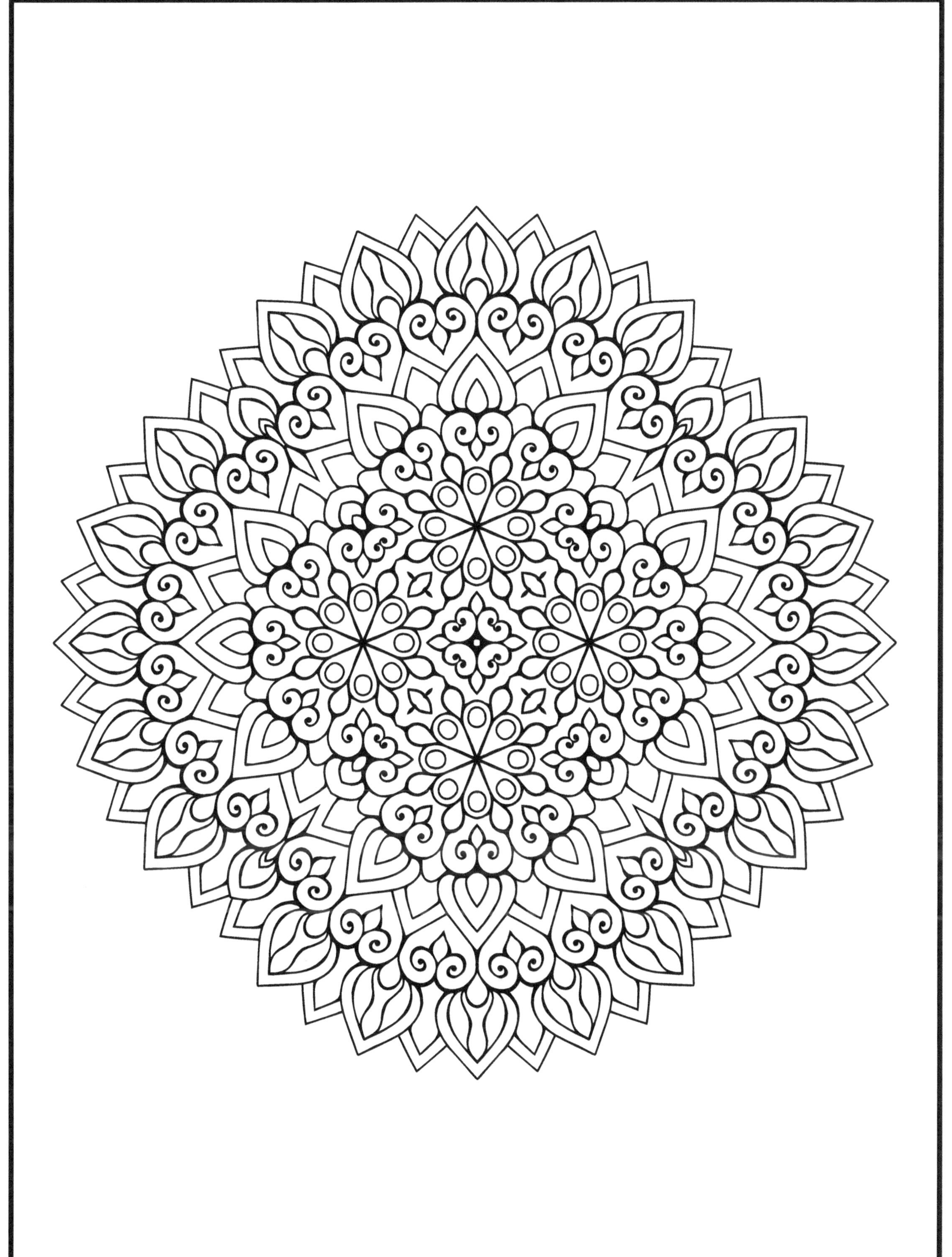

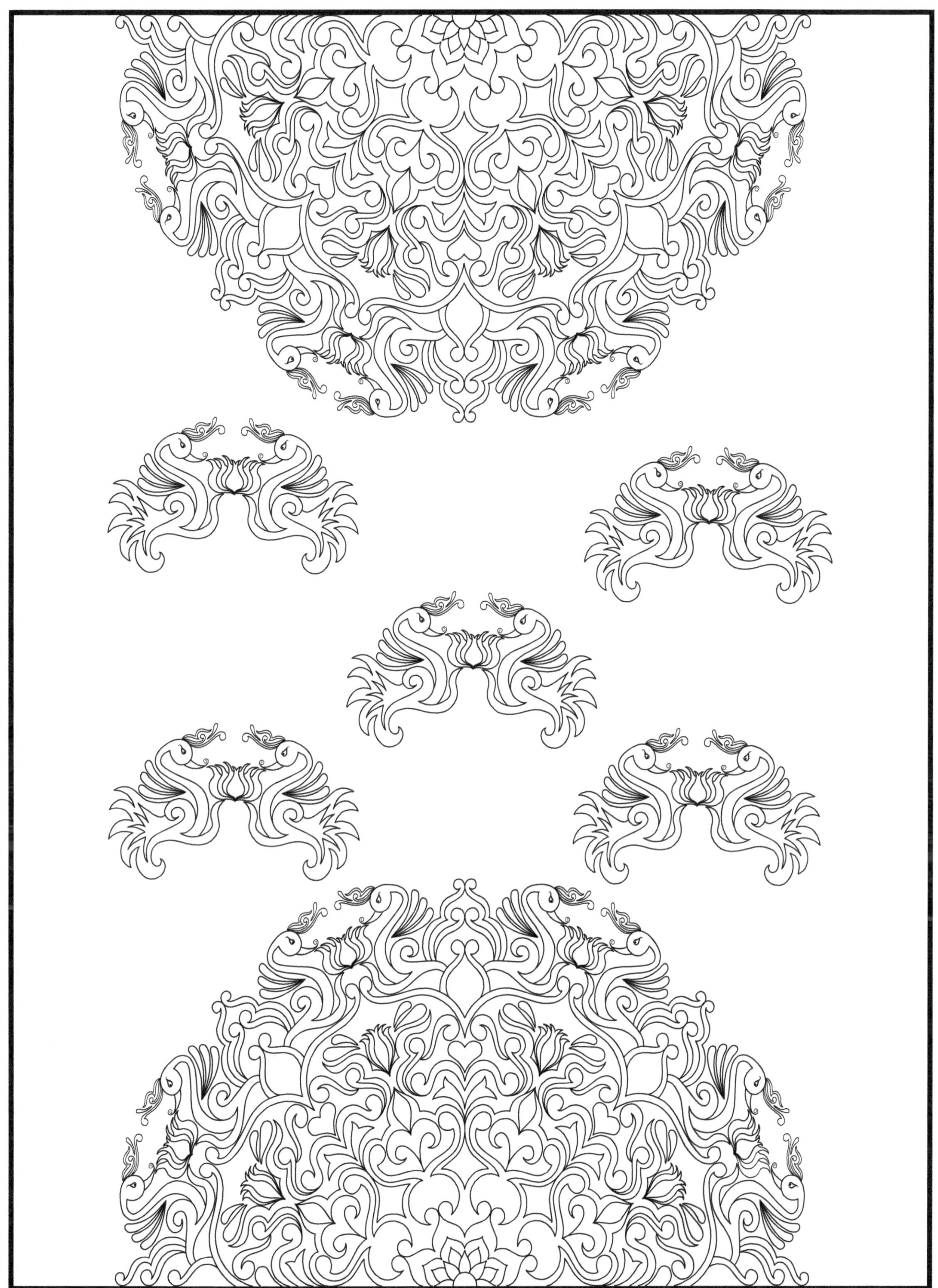

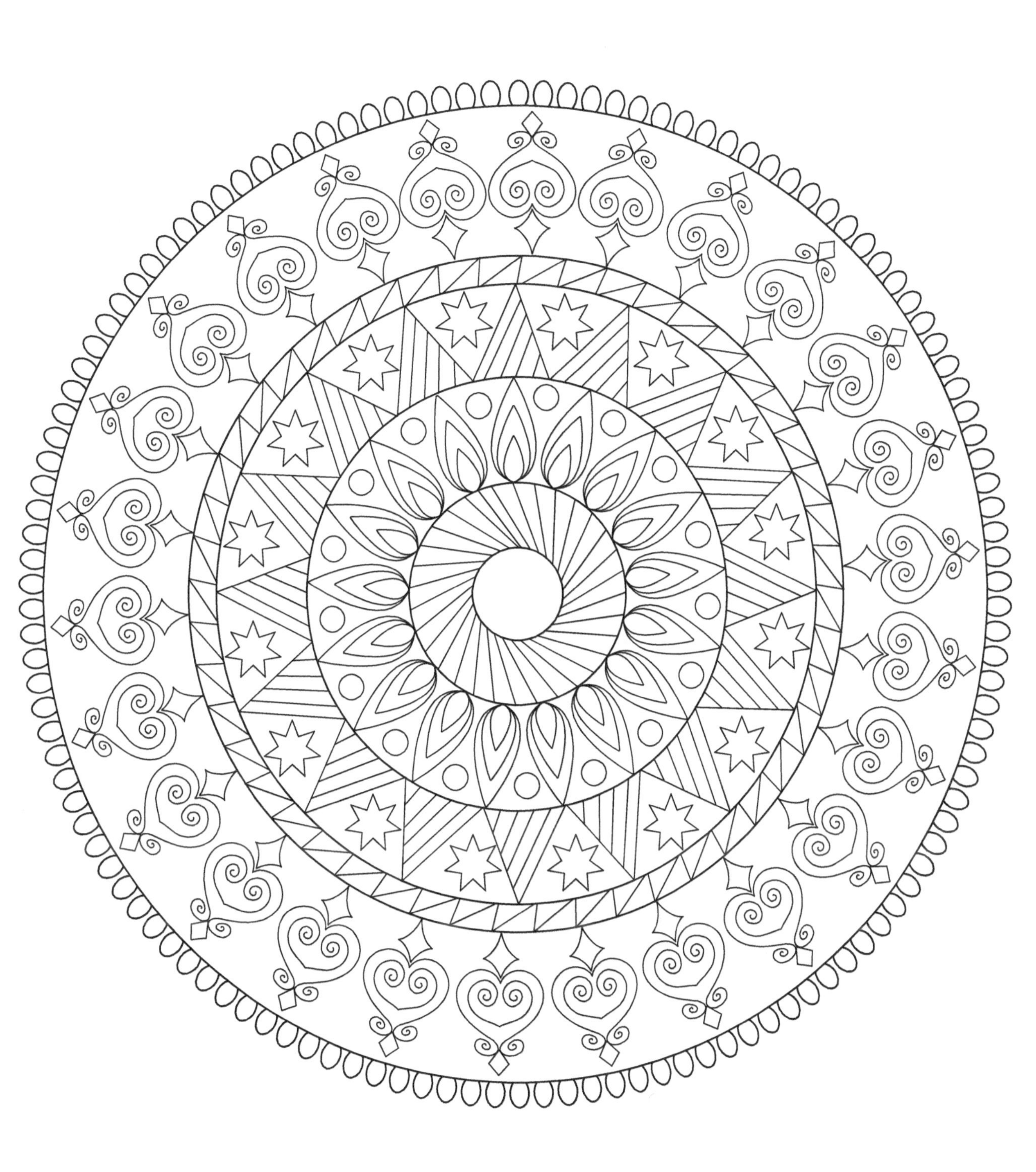

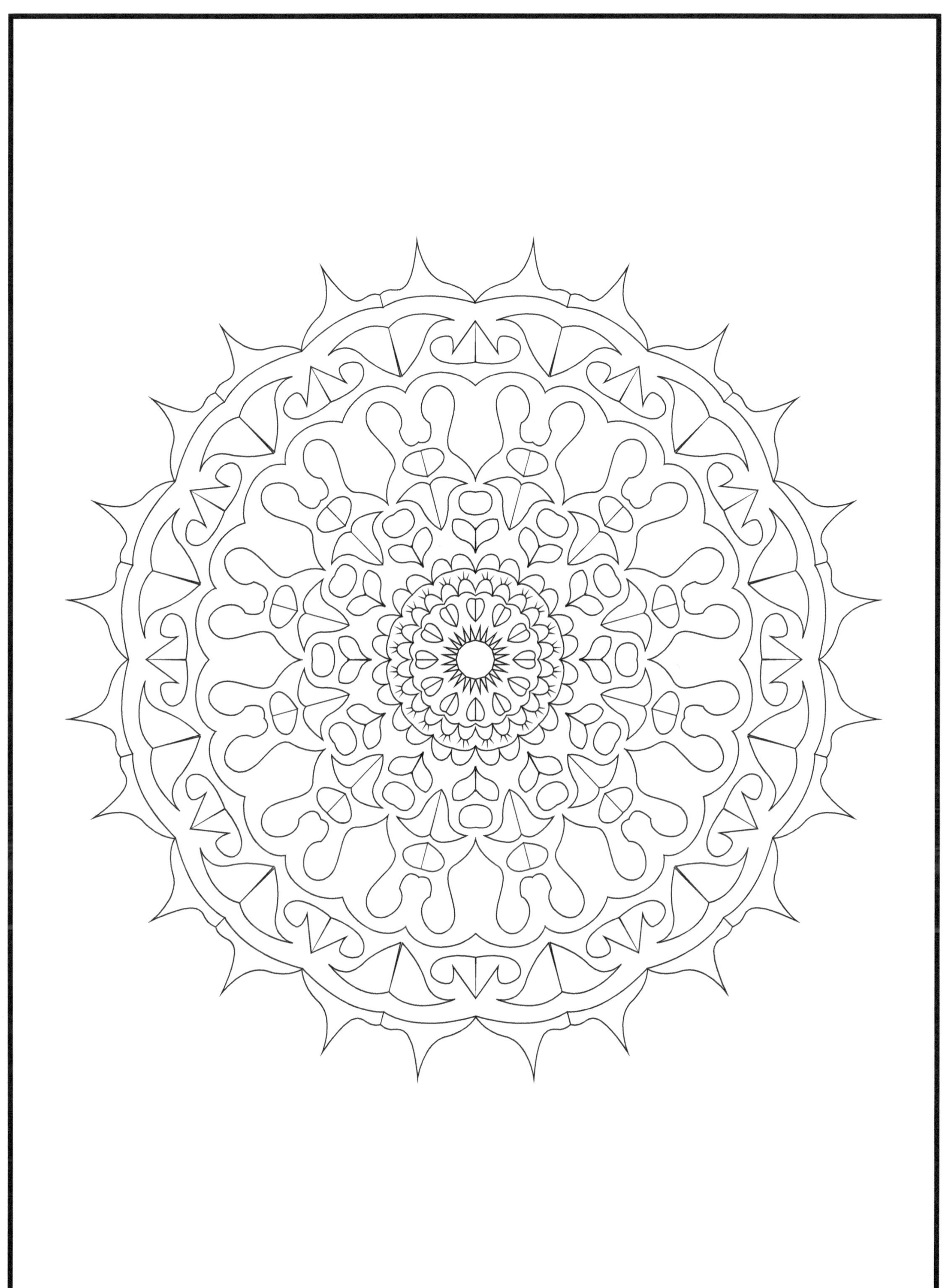

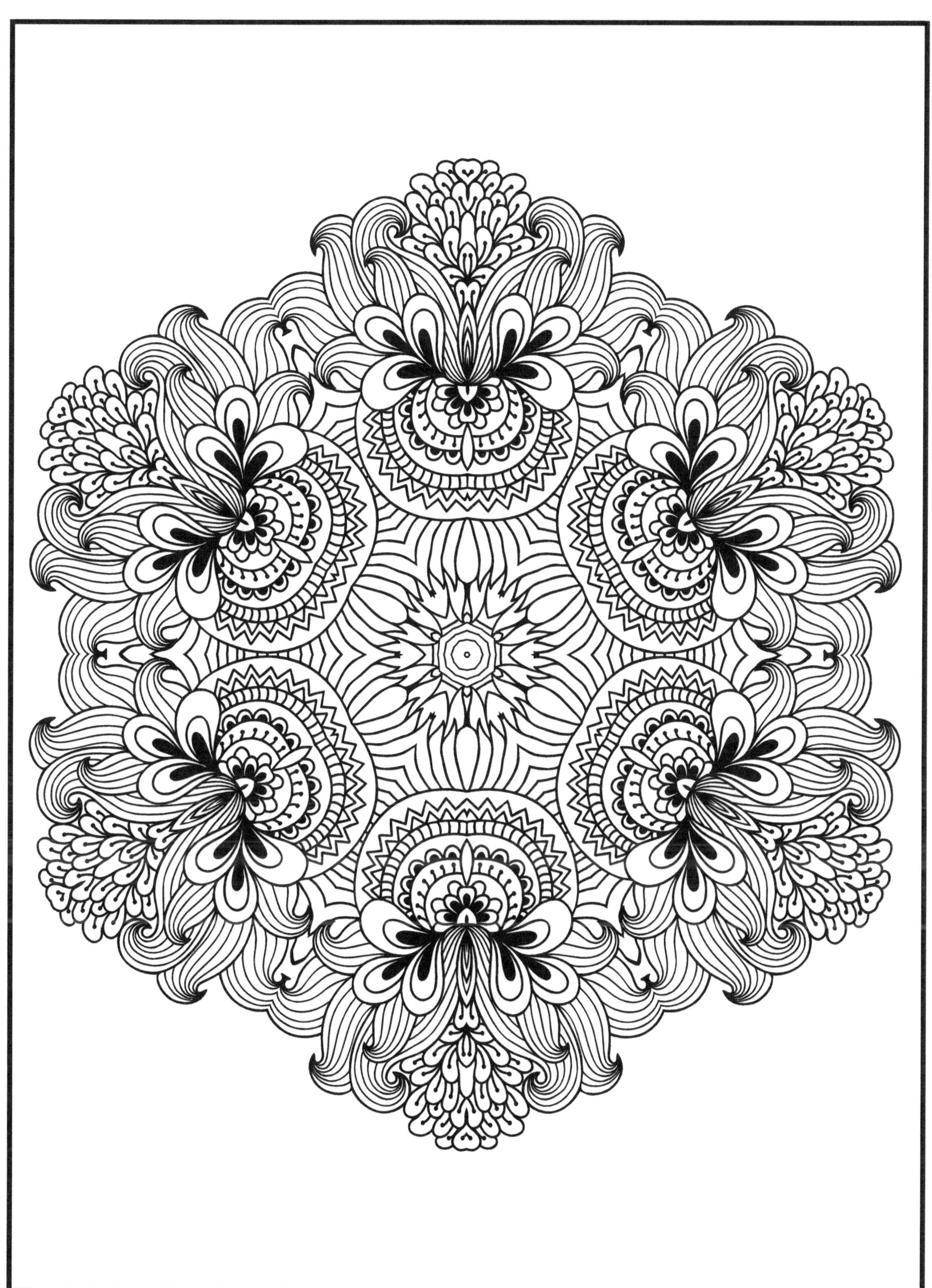

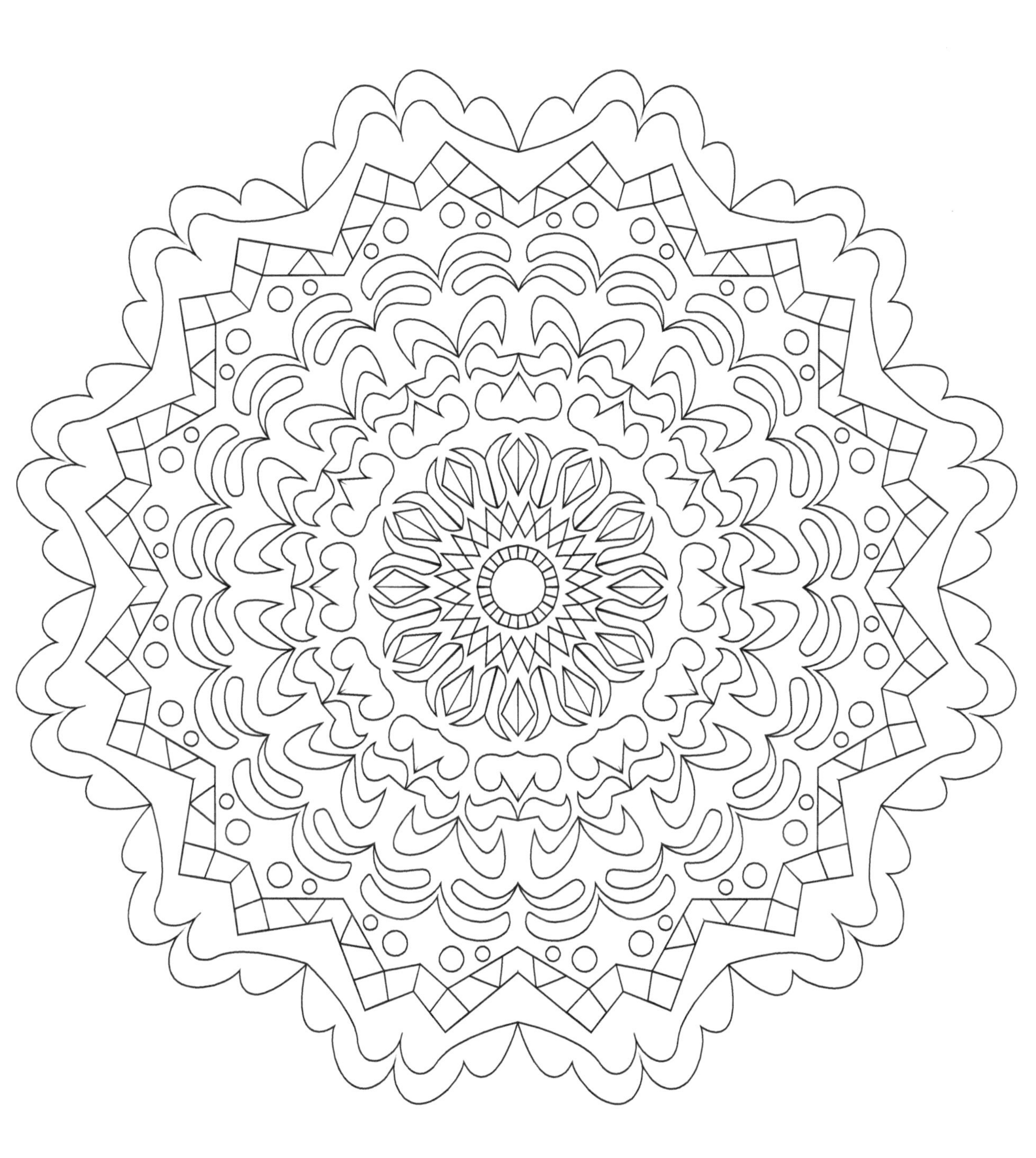

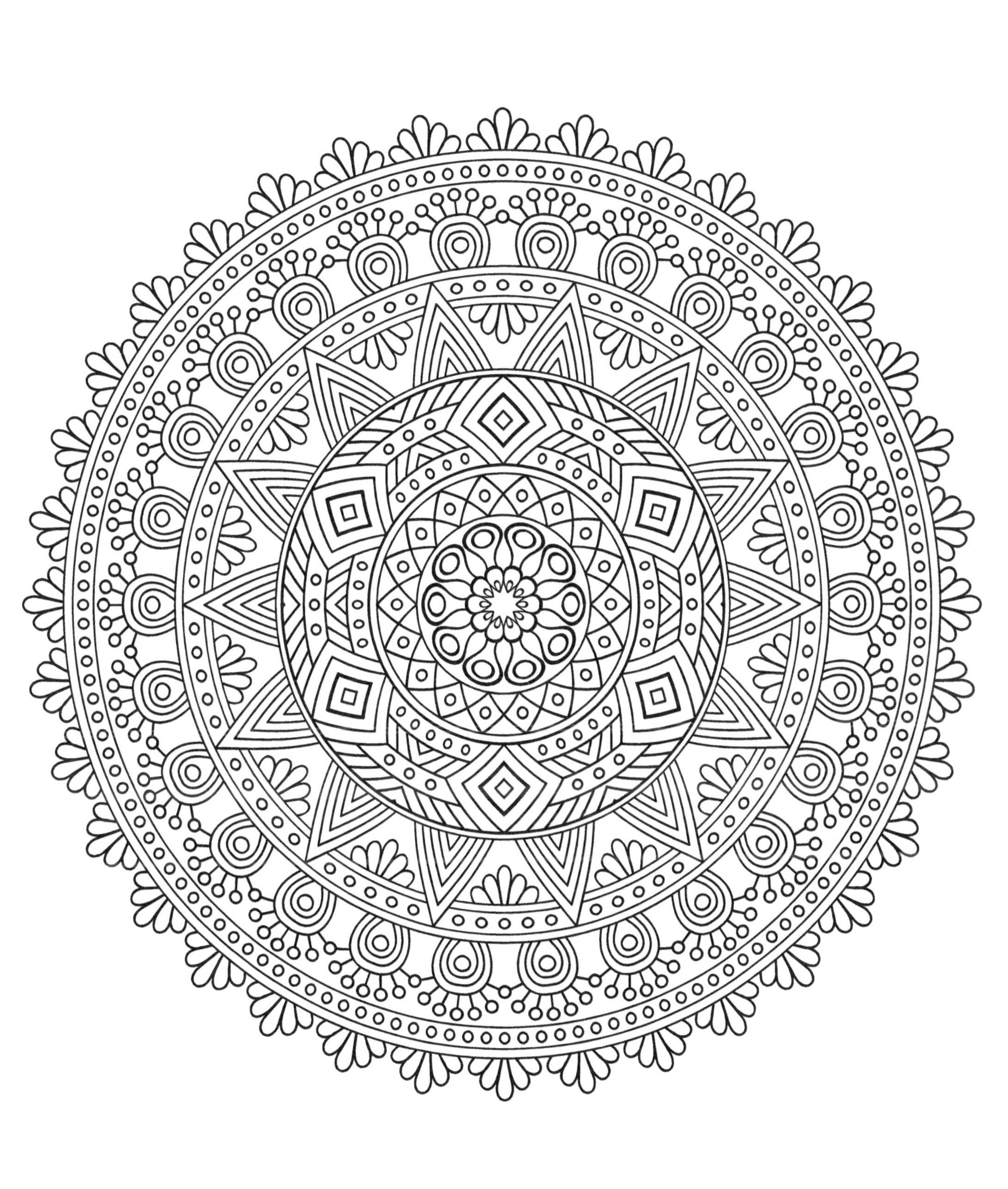

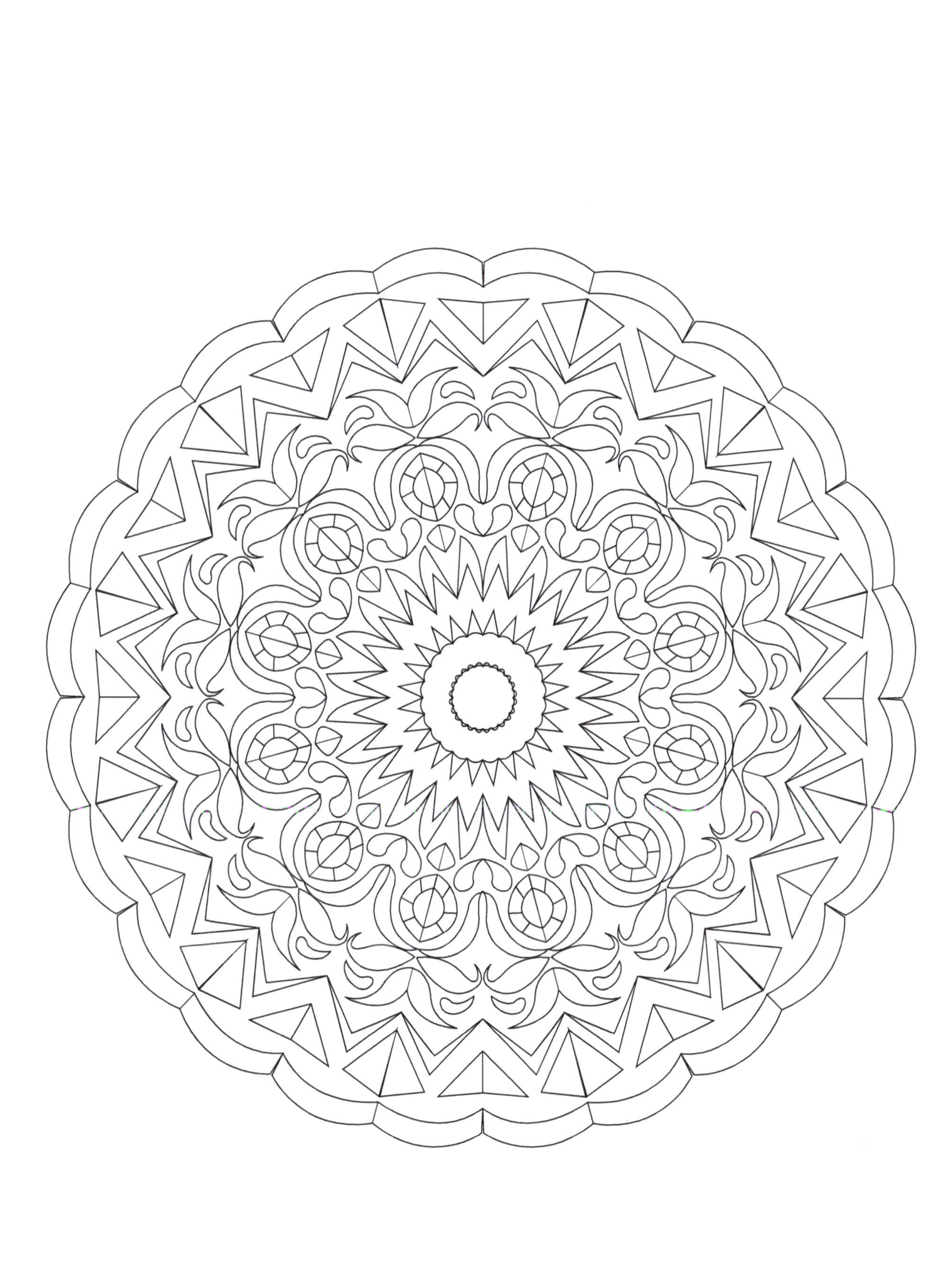

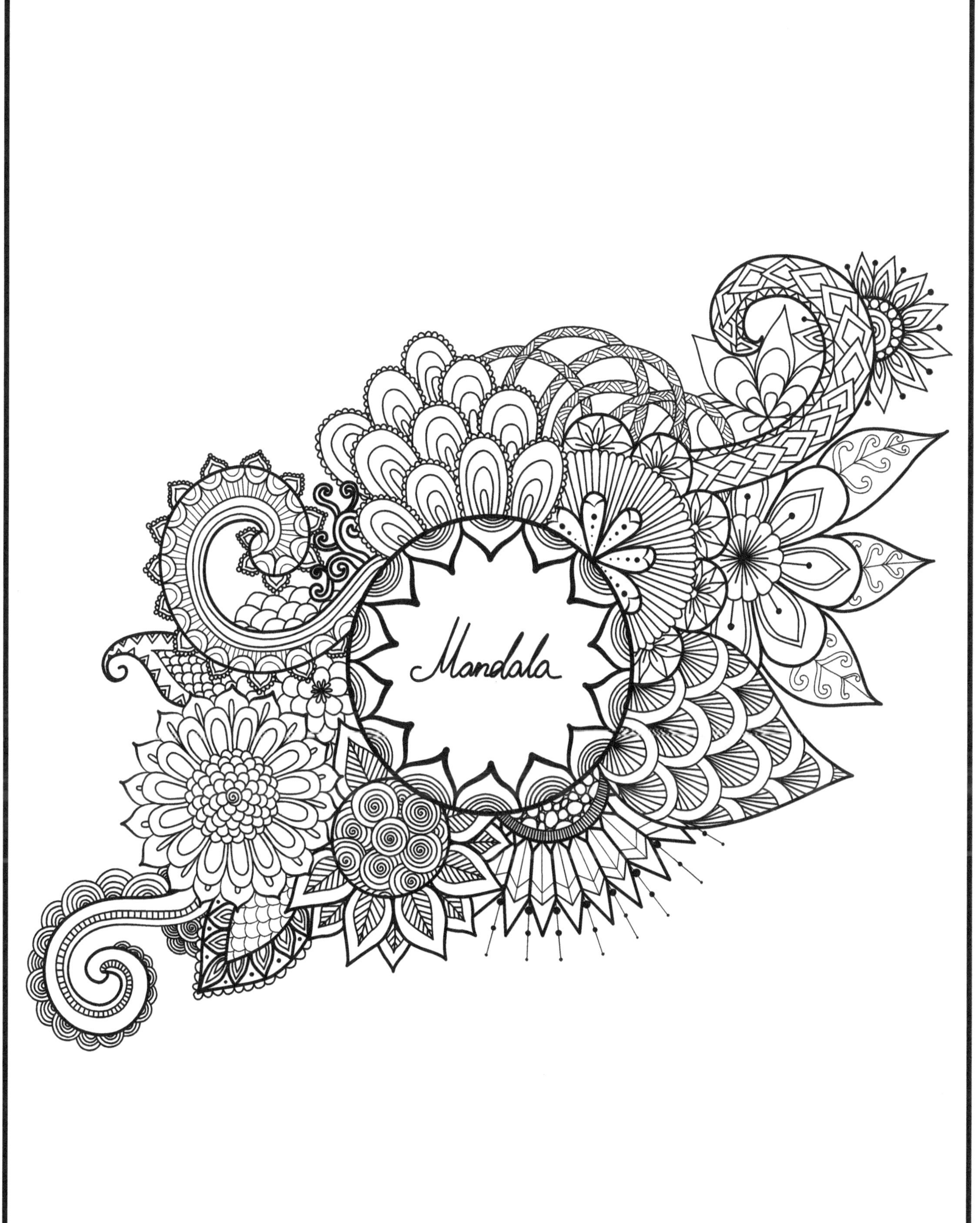
Mandala

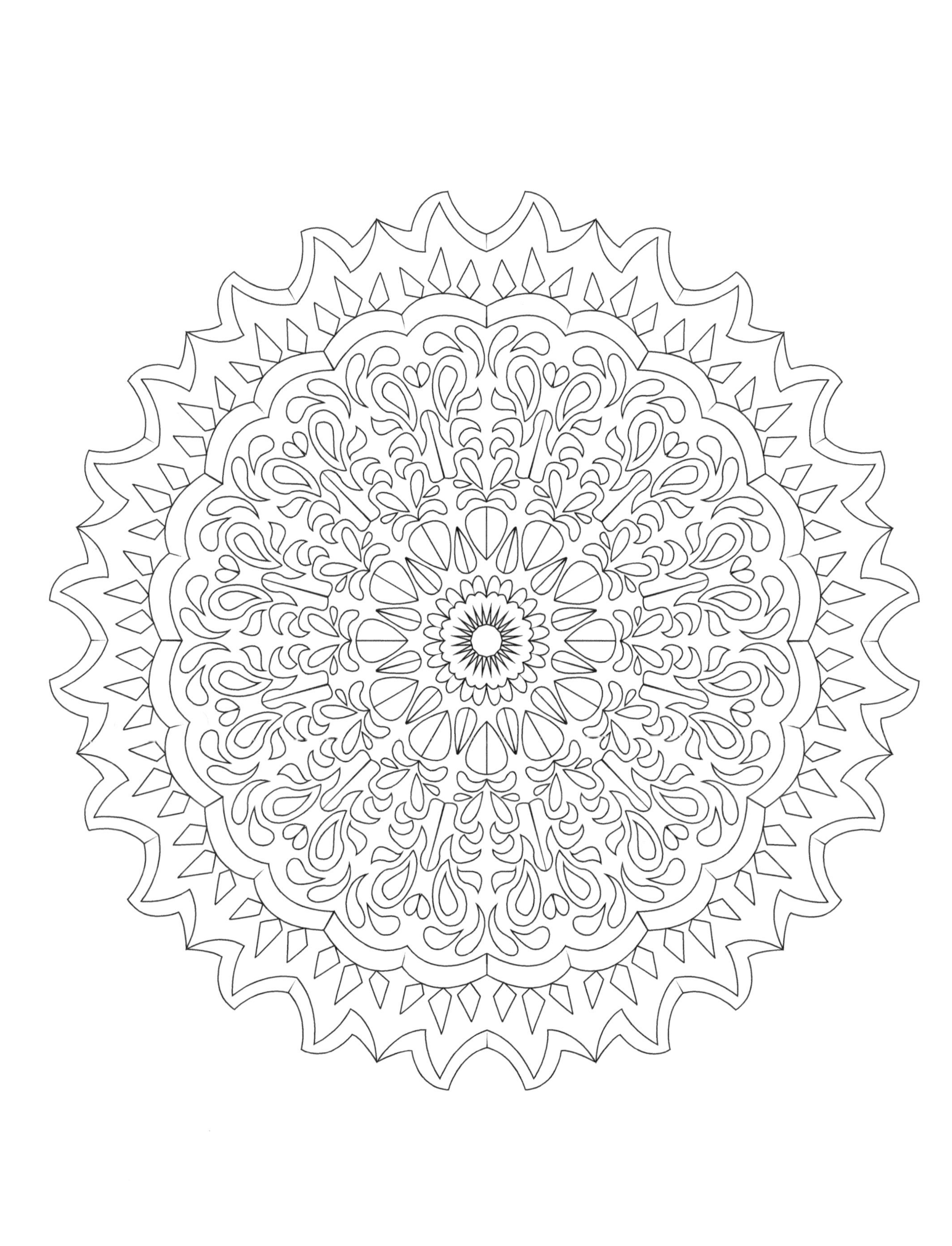

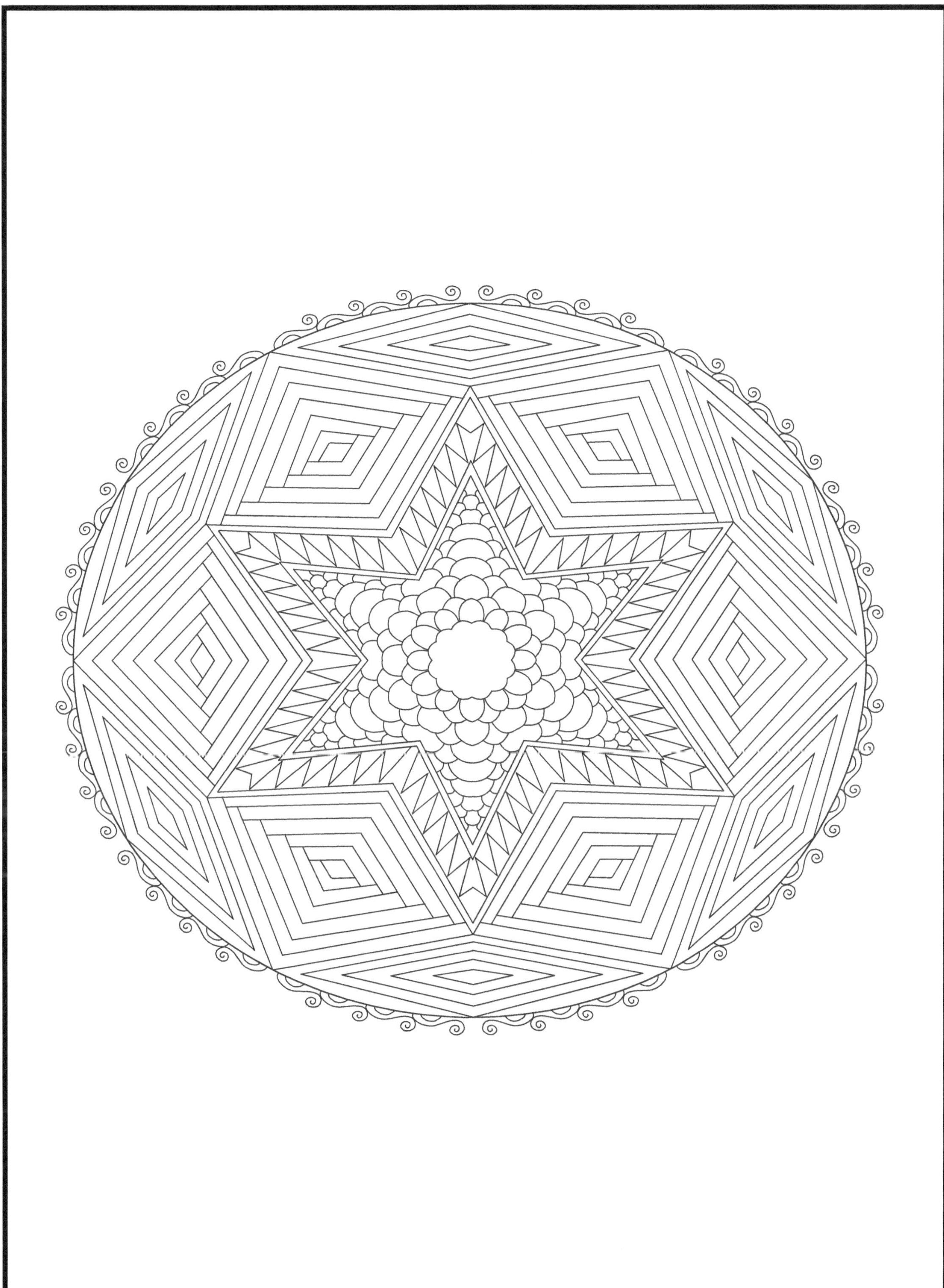

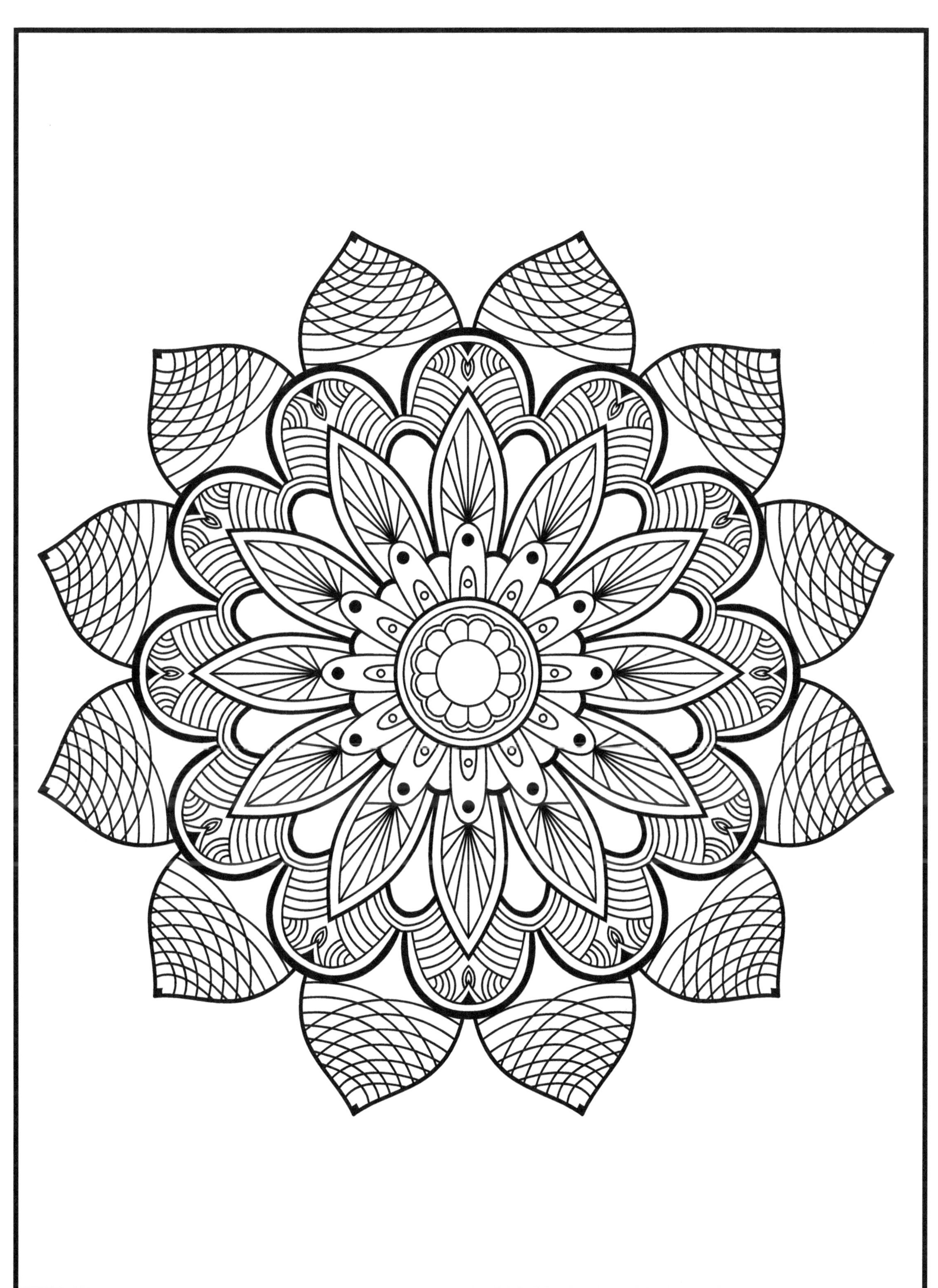

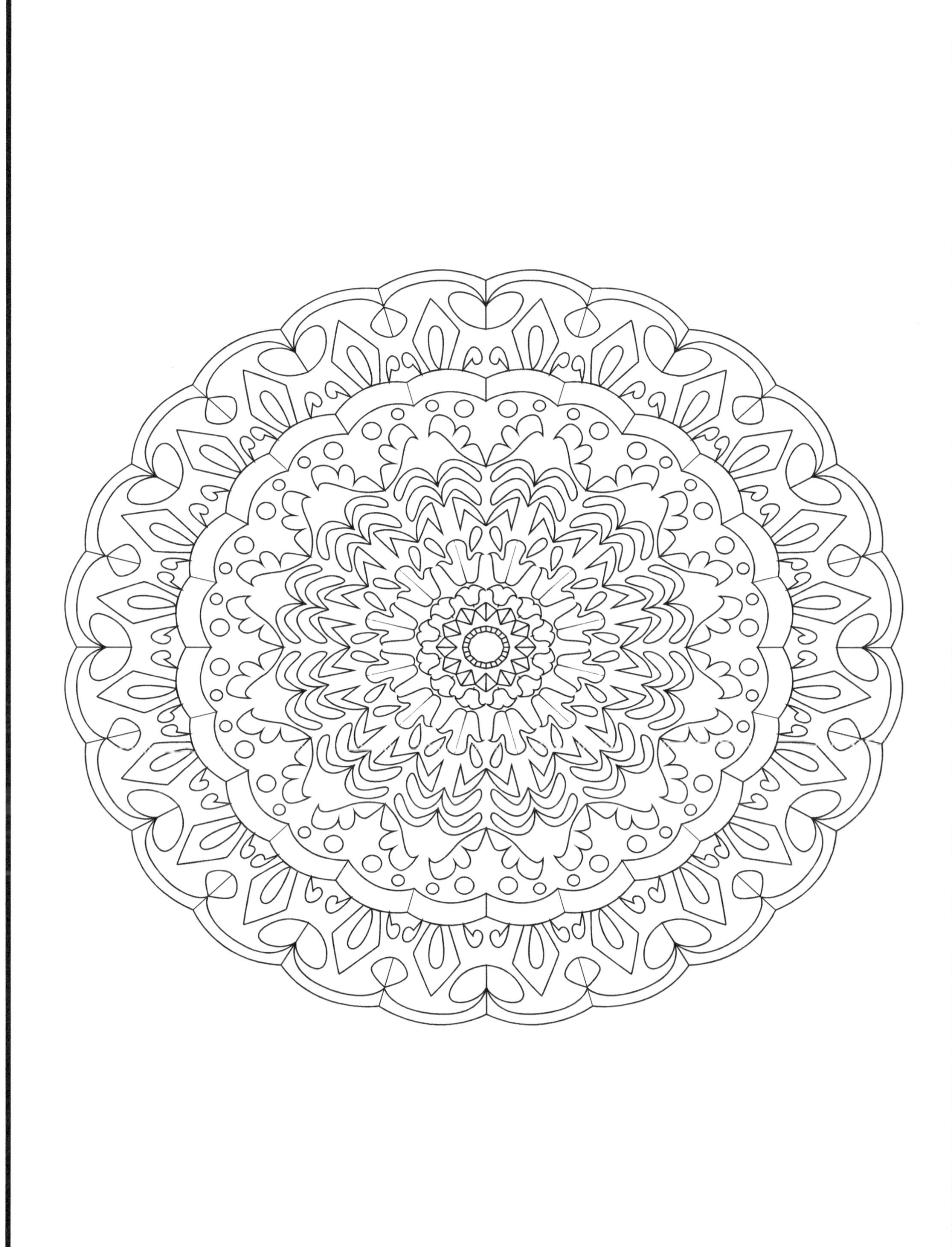

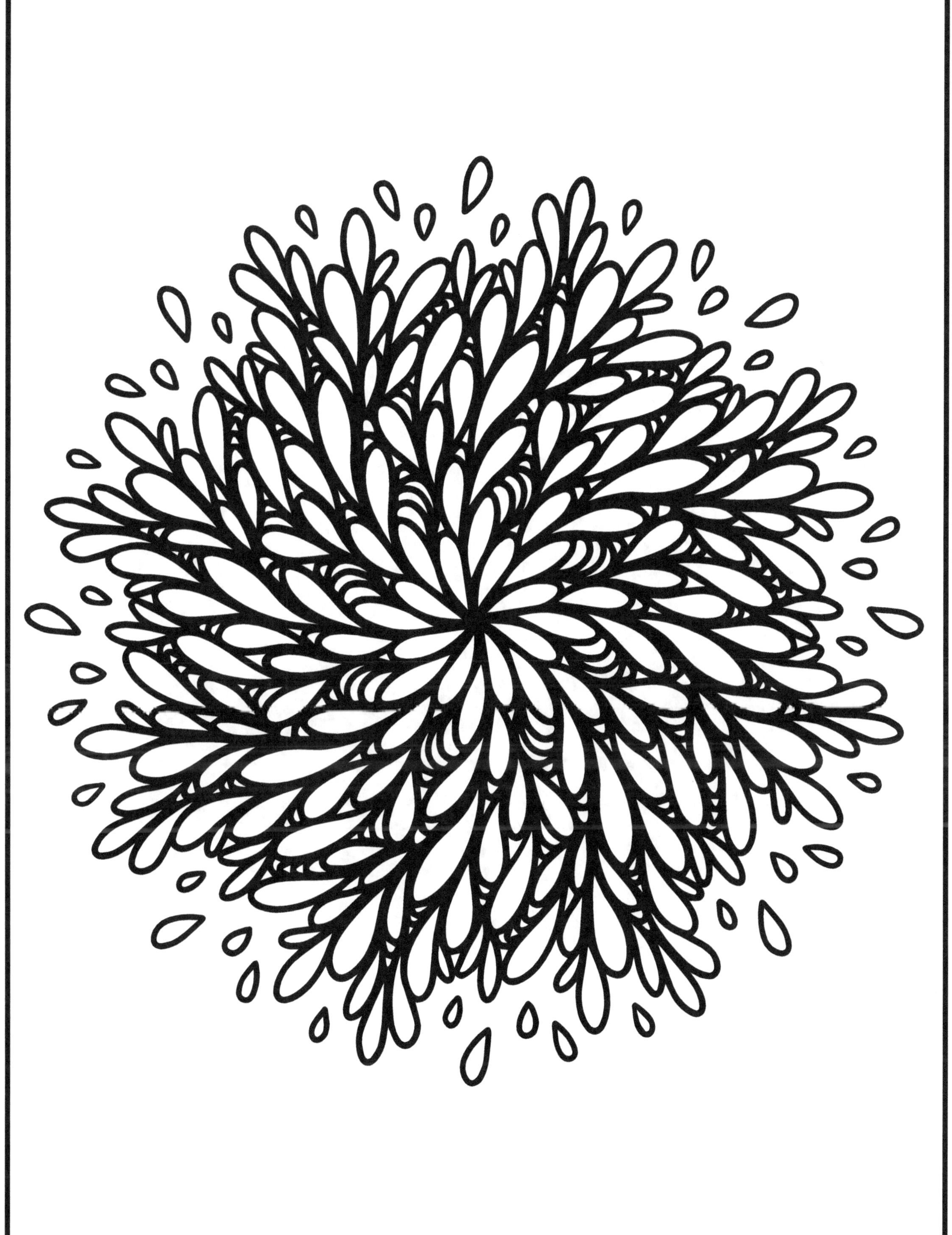

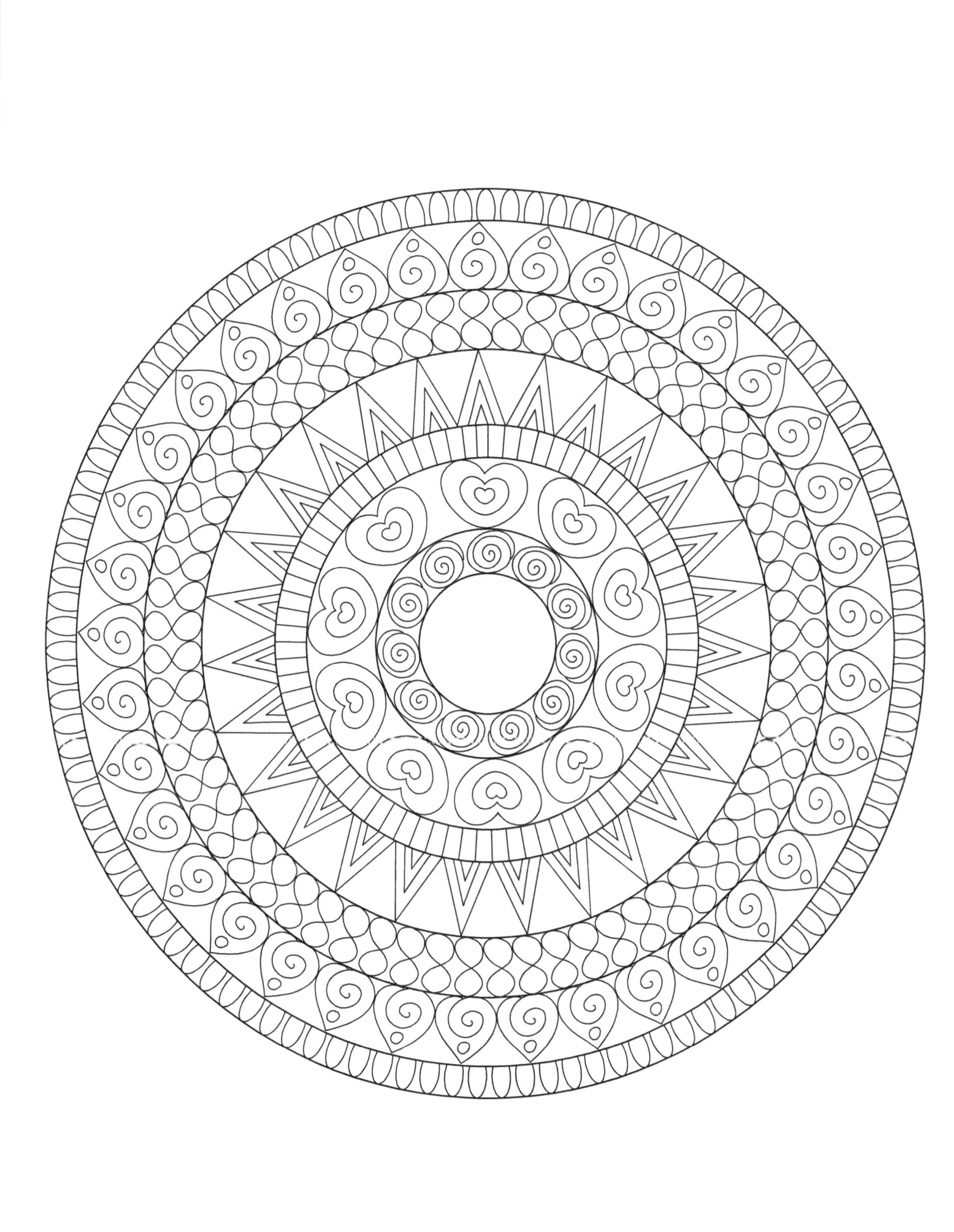

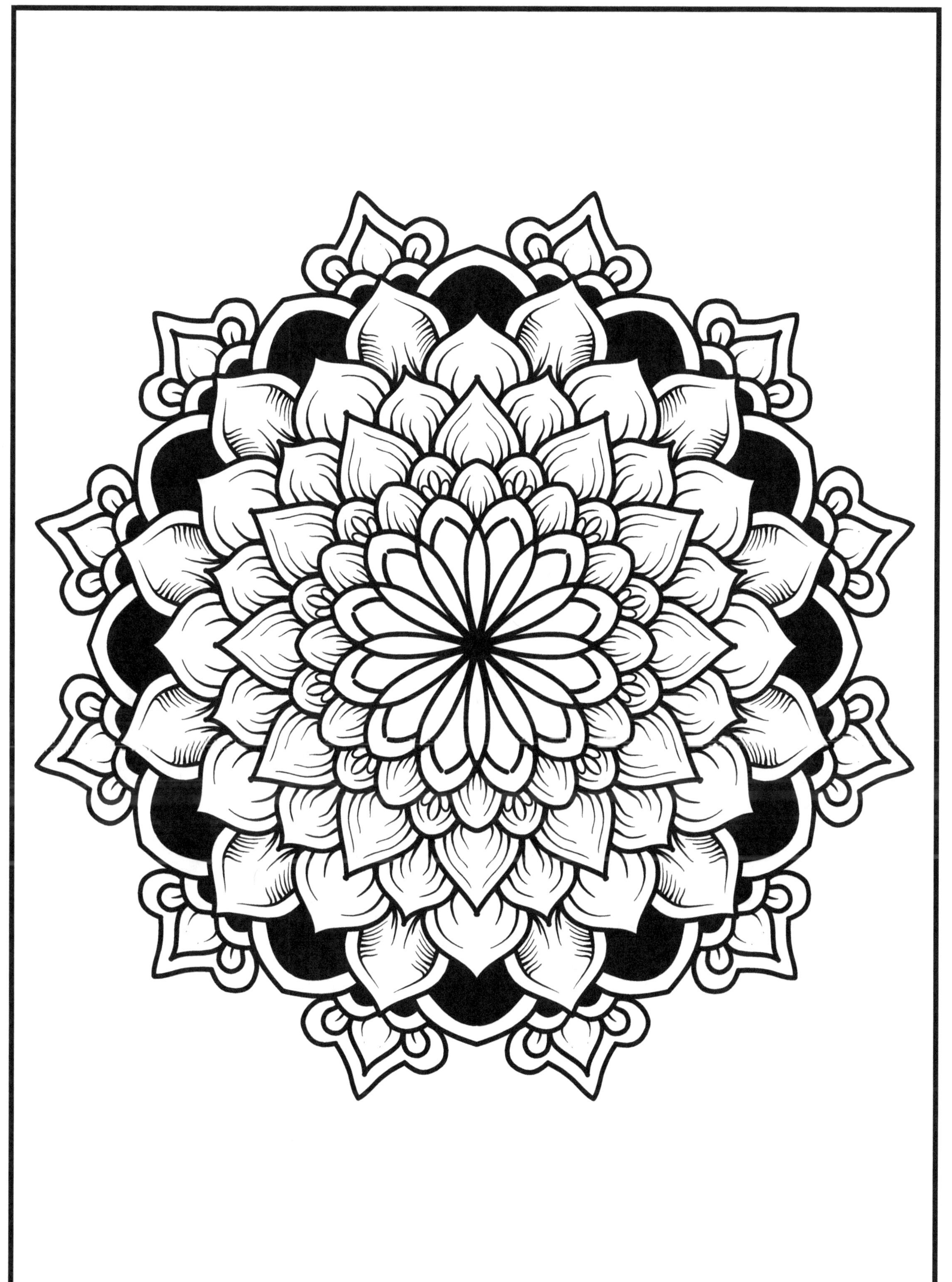

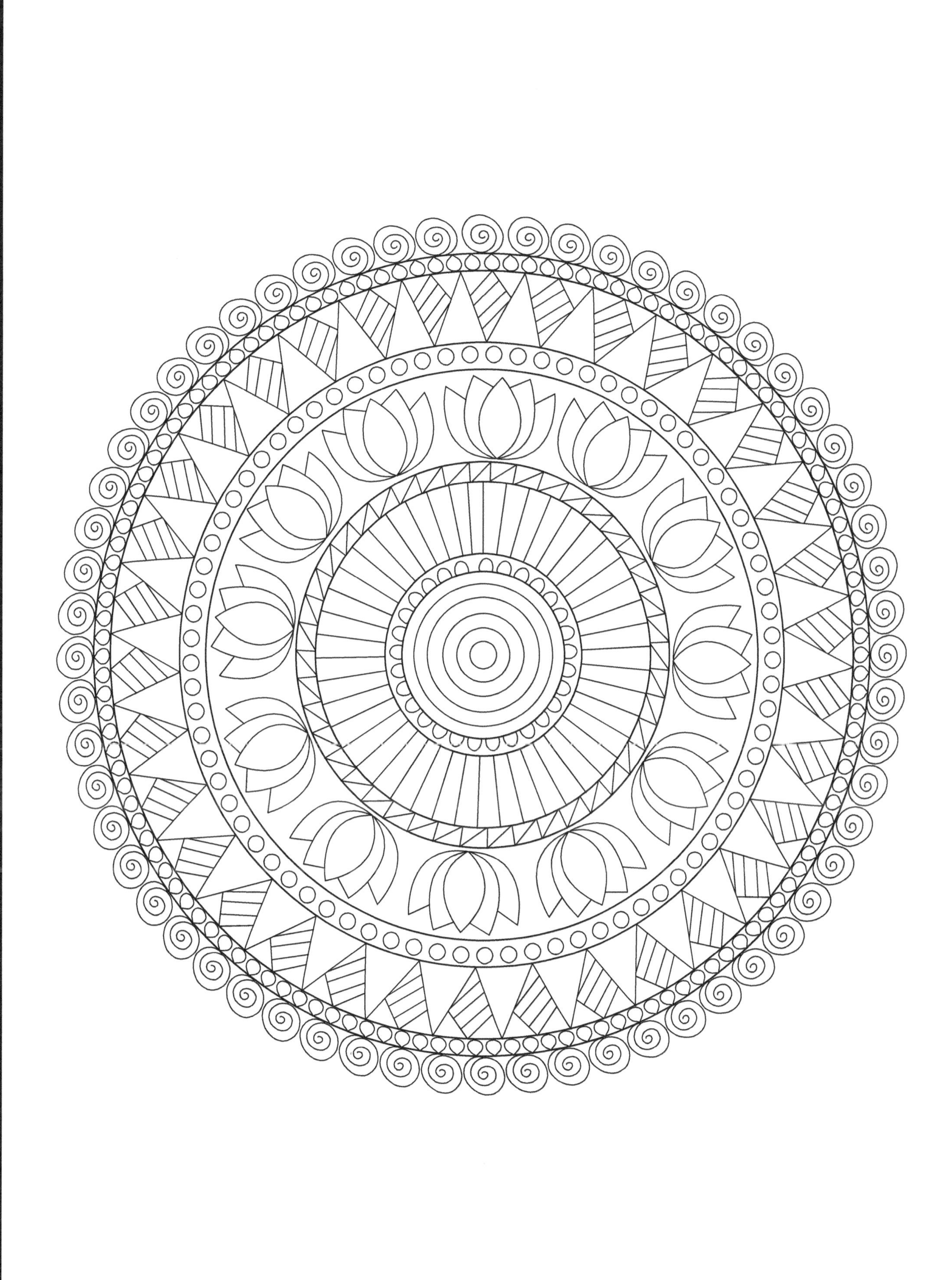

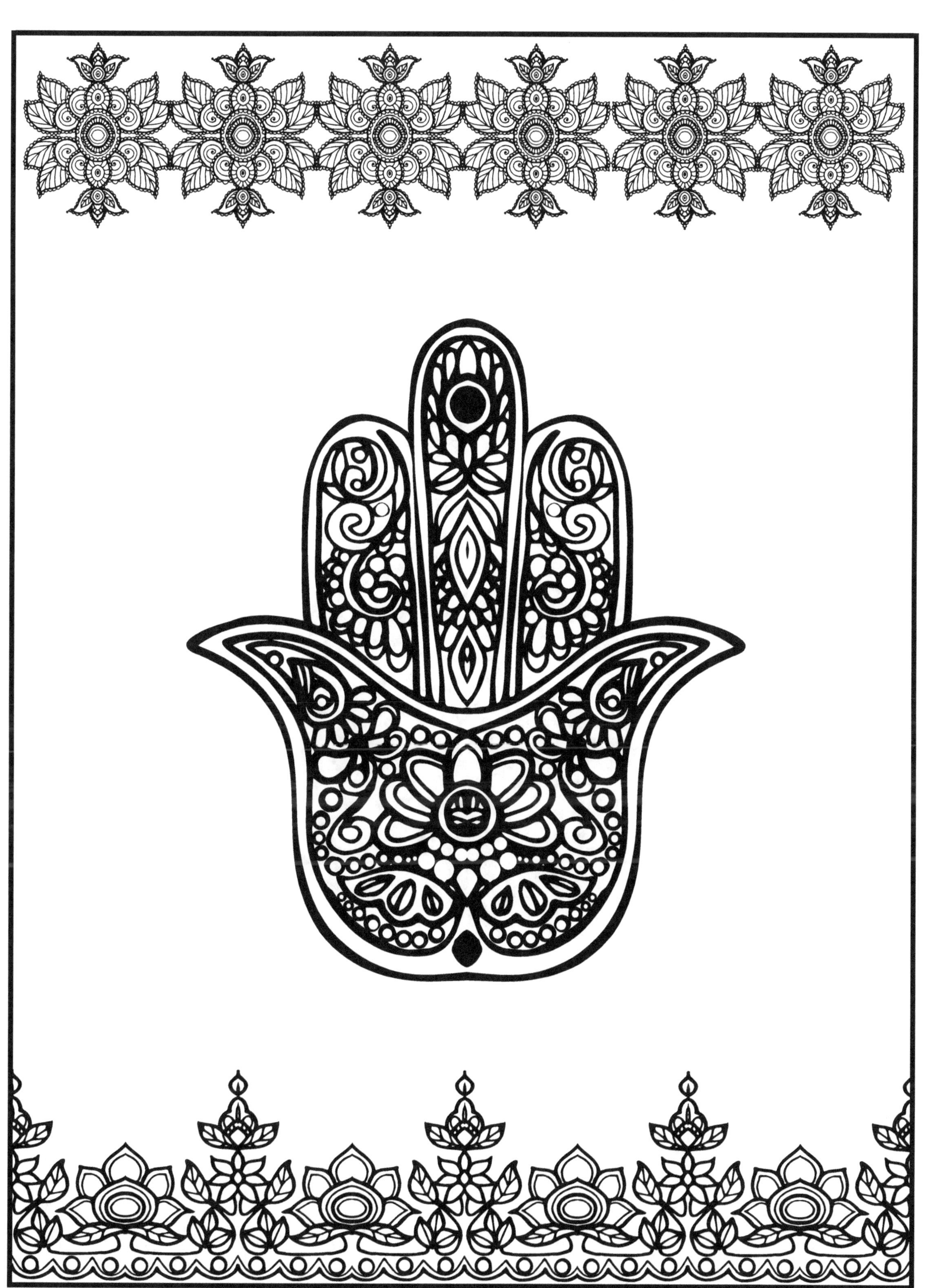

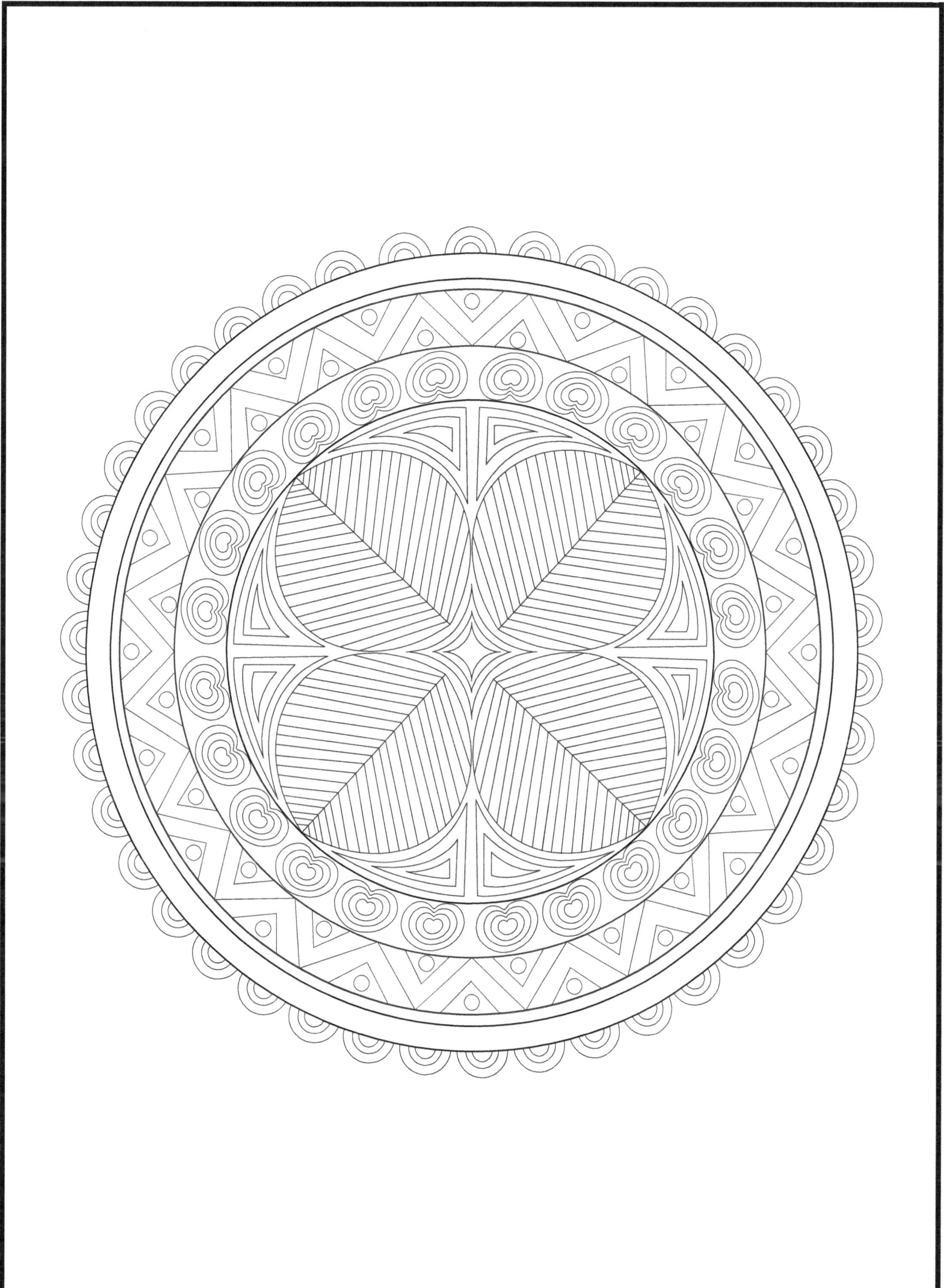

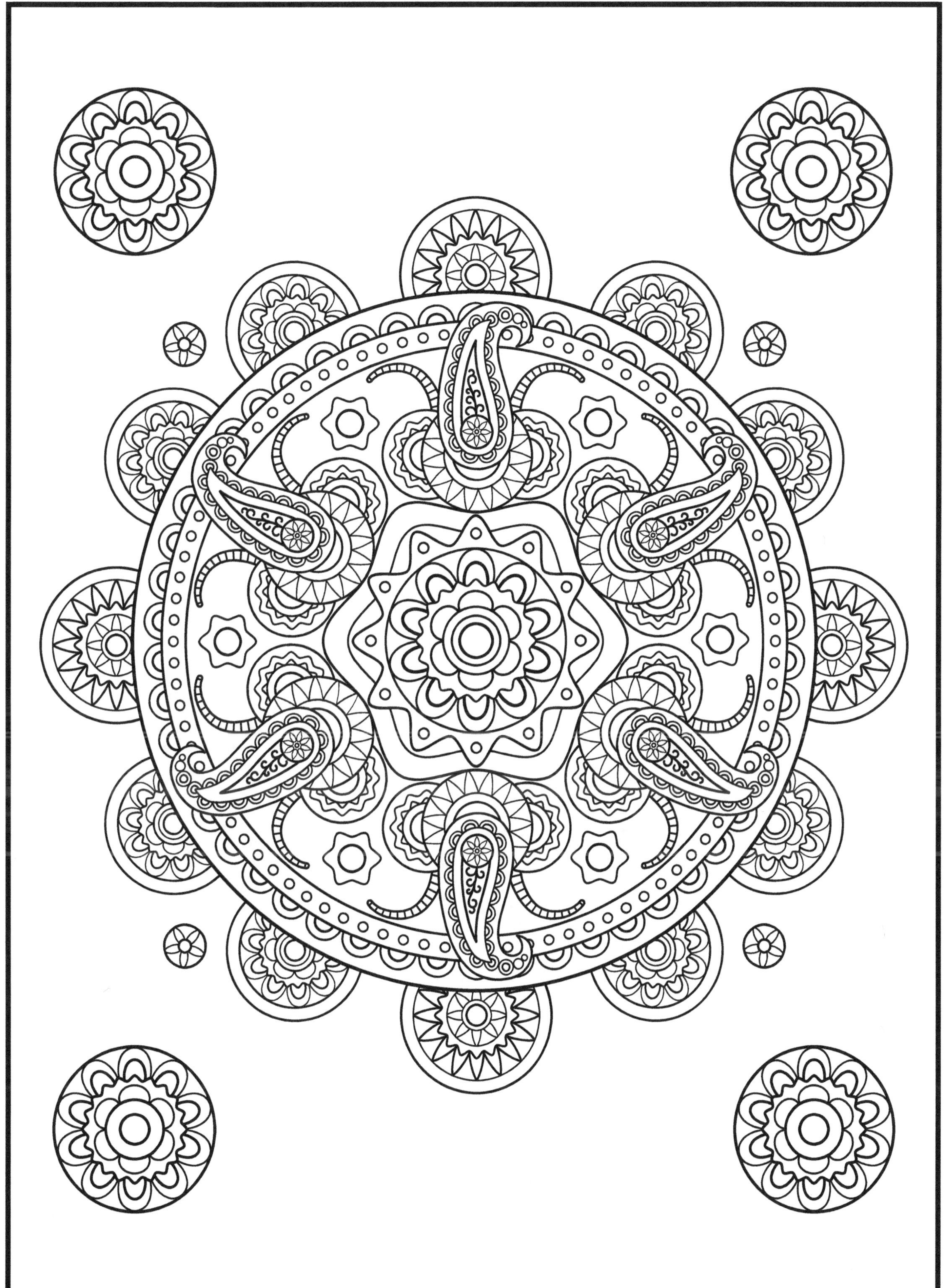

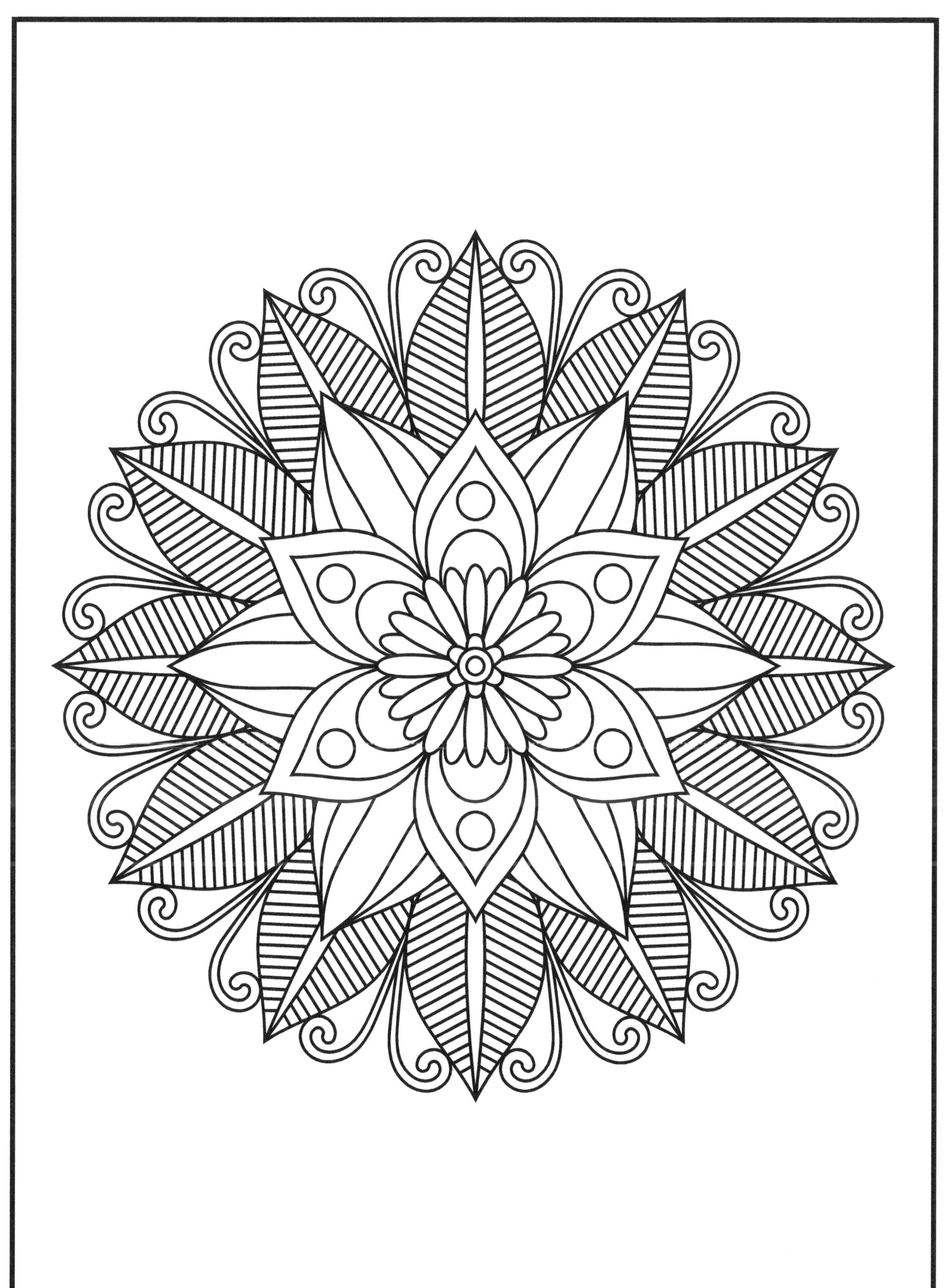

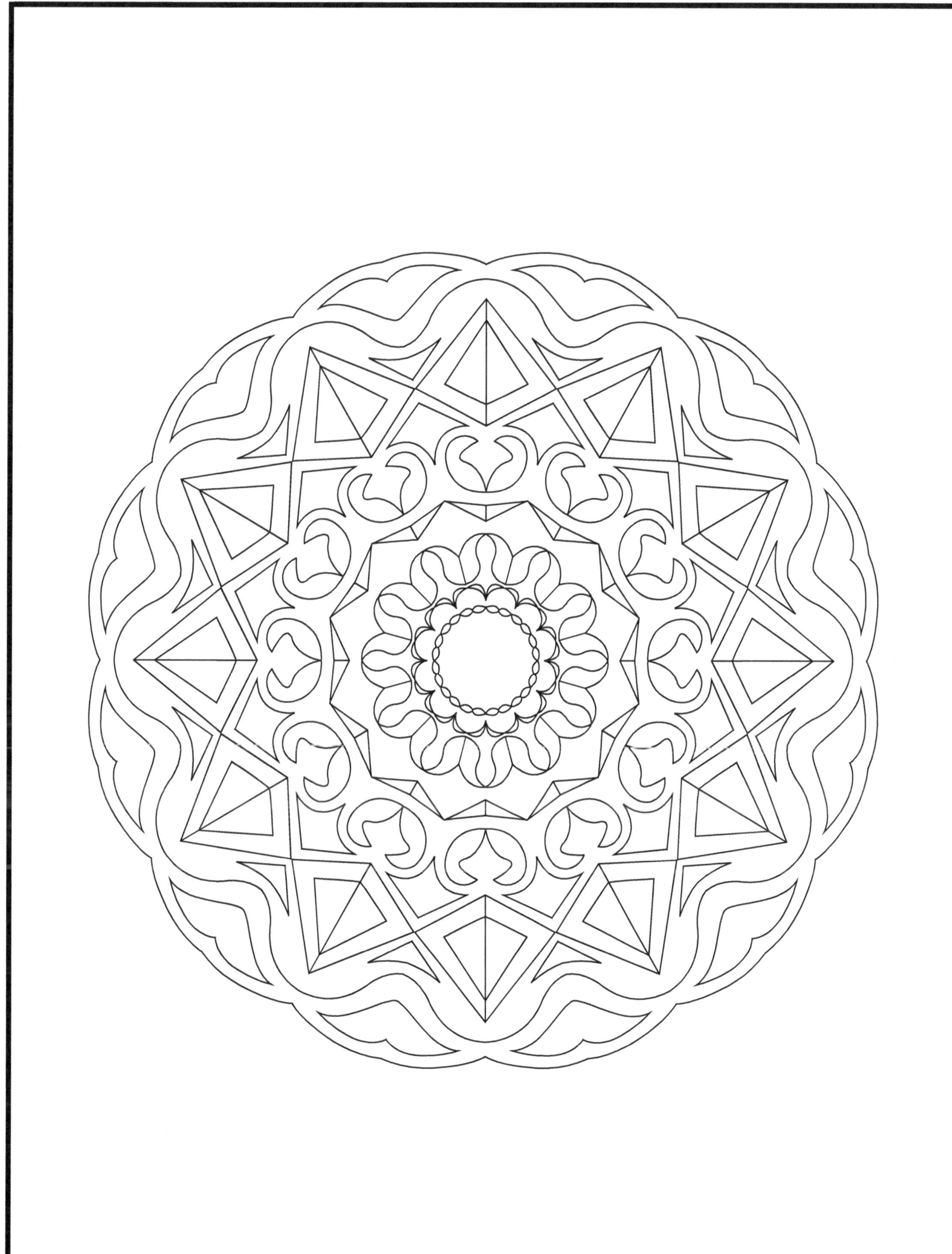

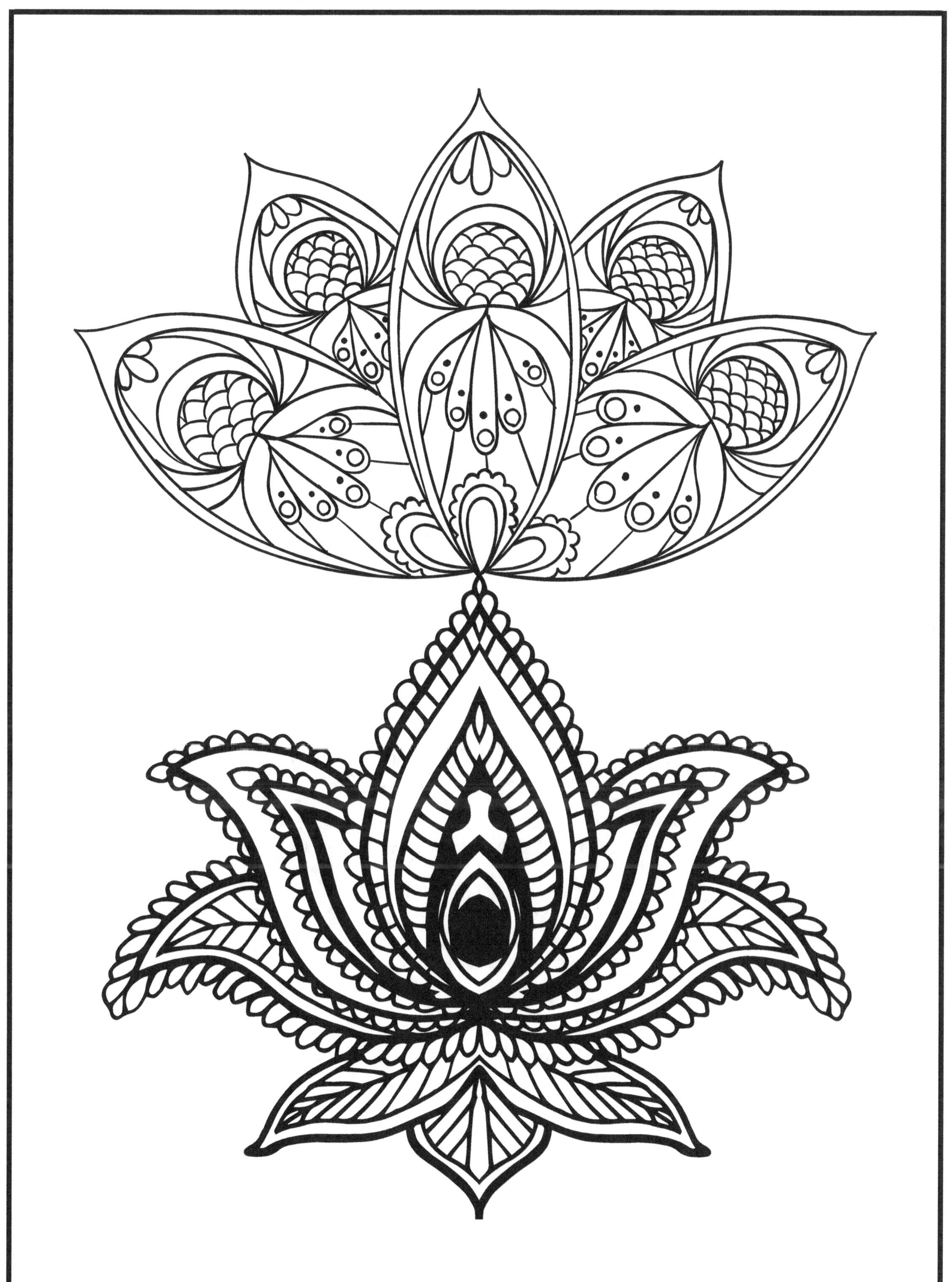

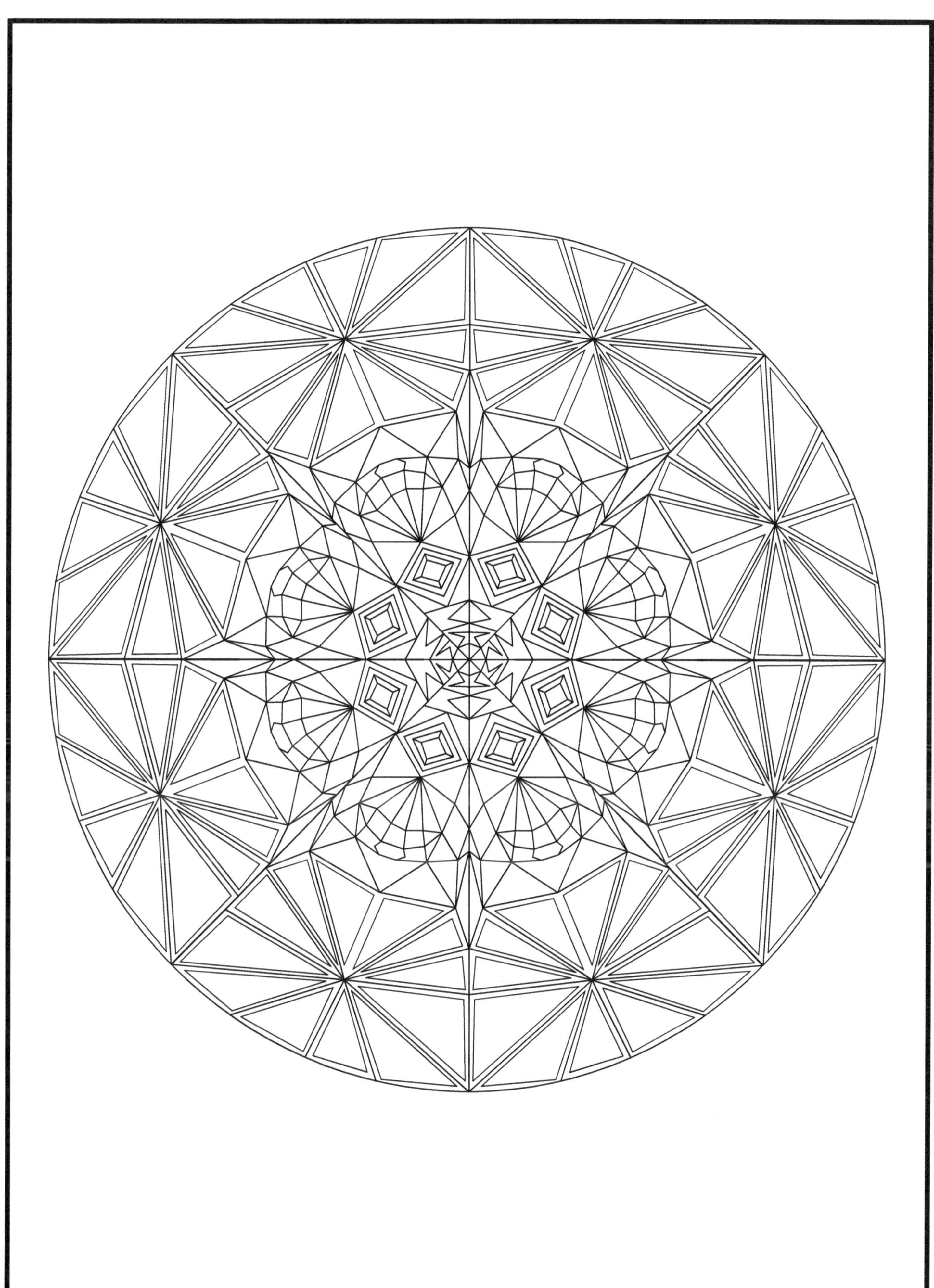

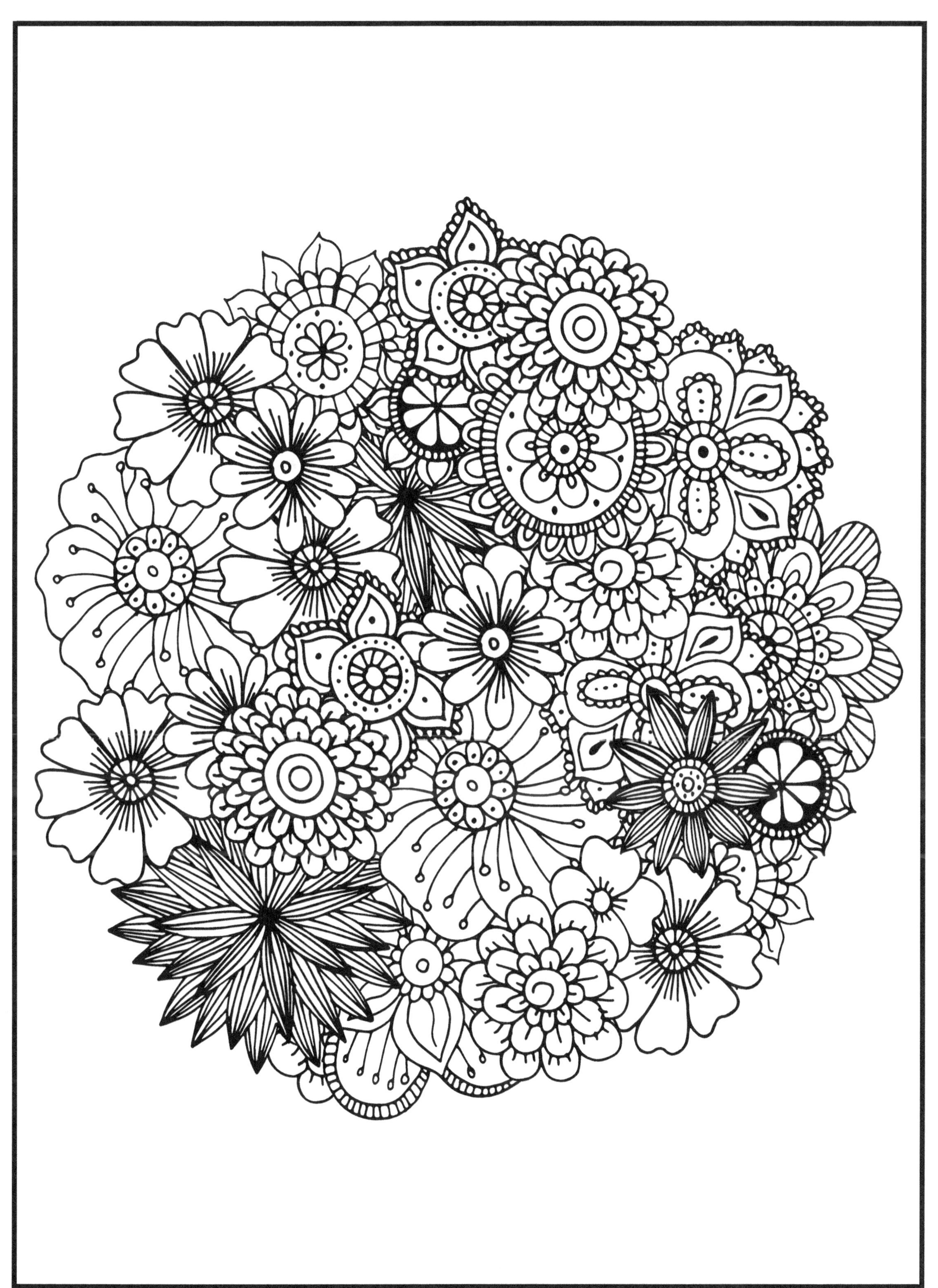

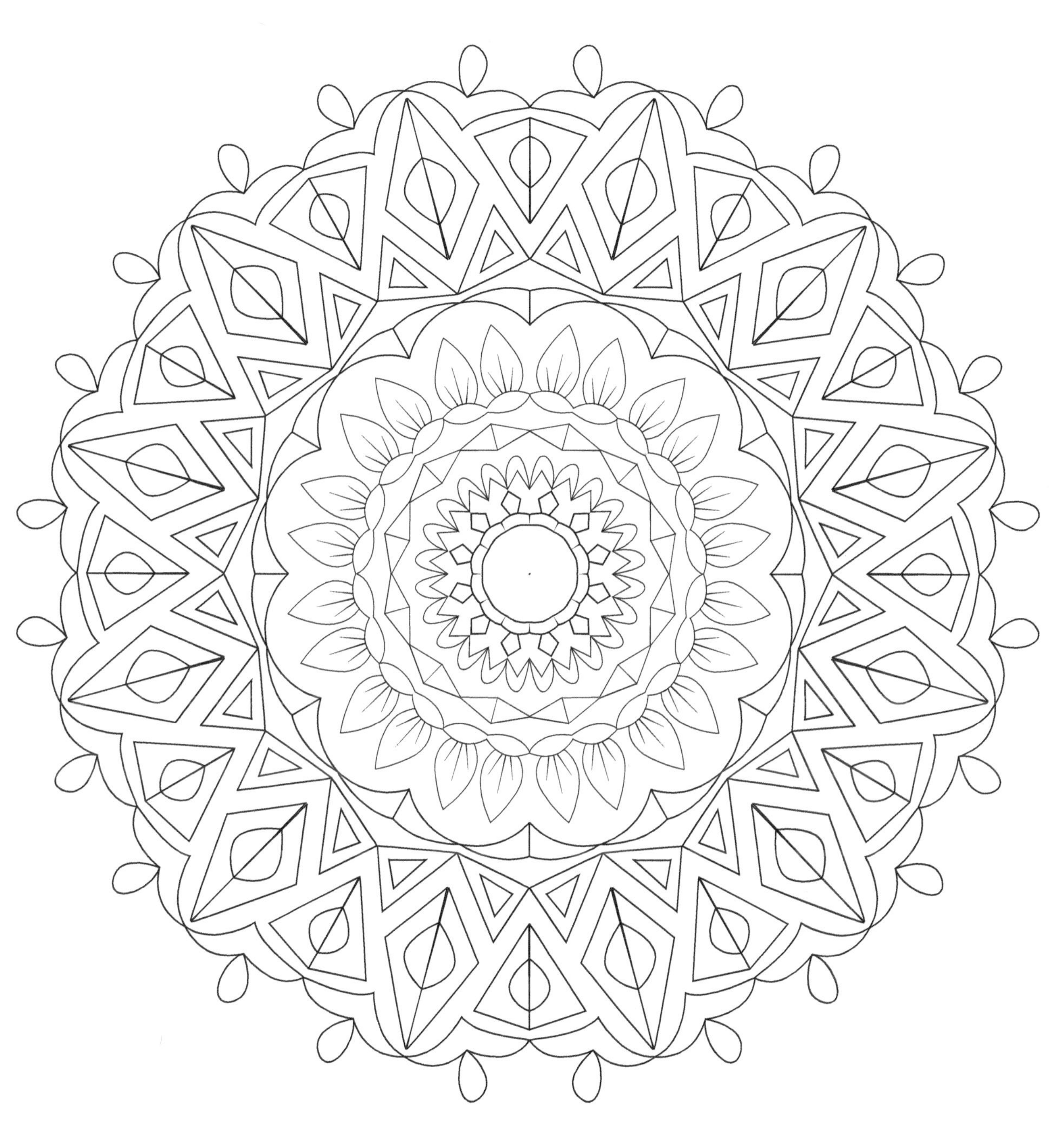

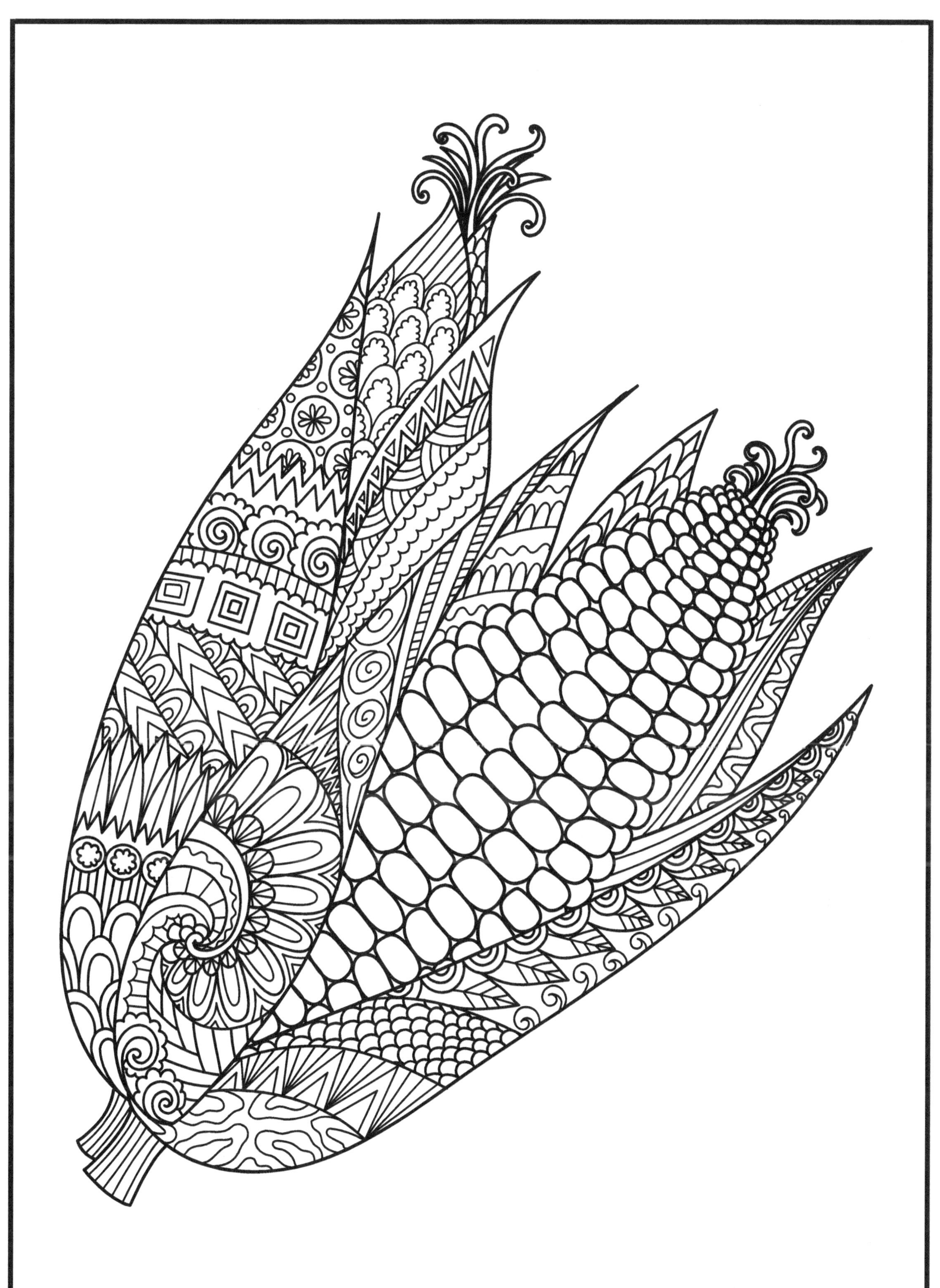

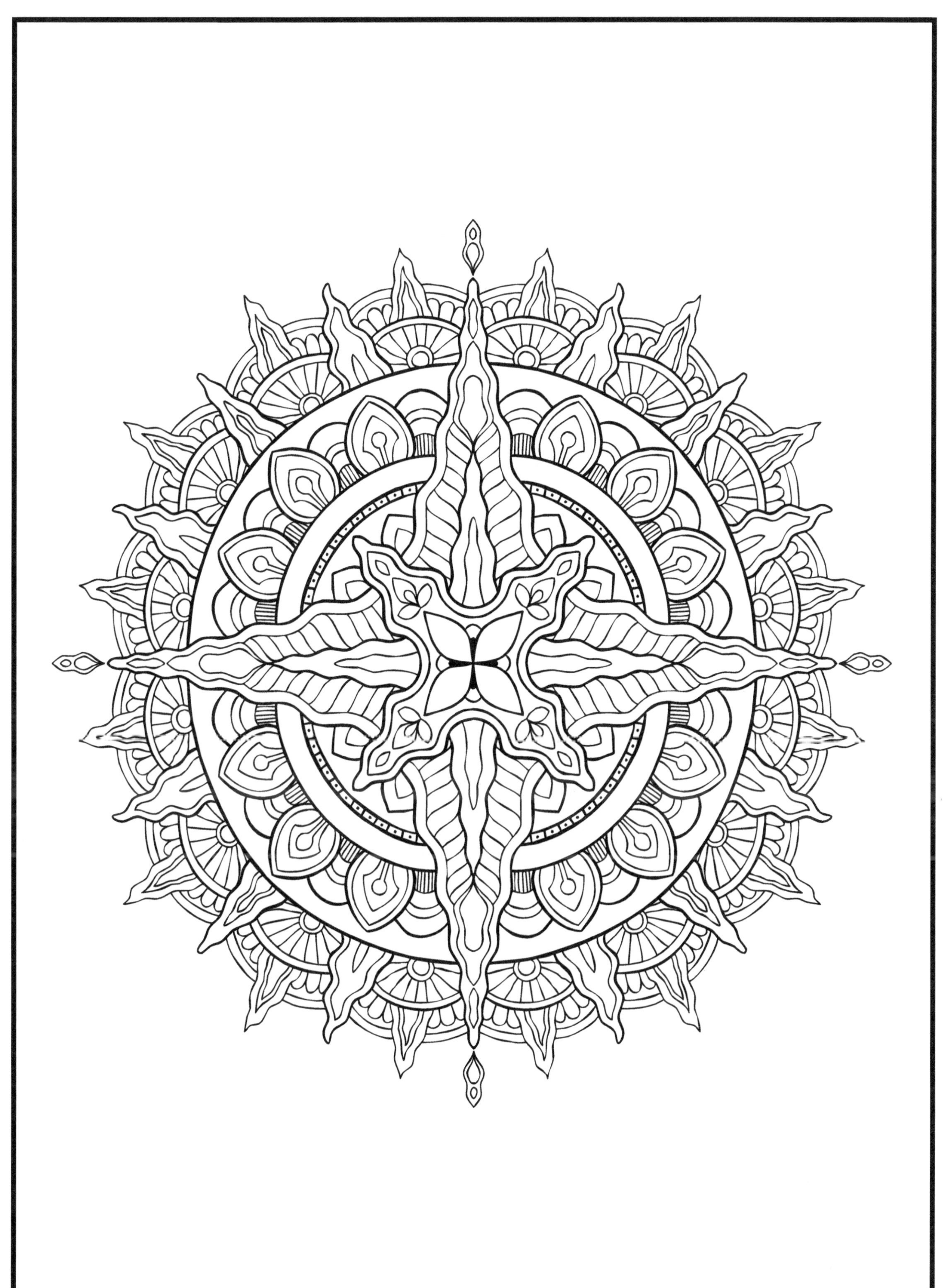

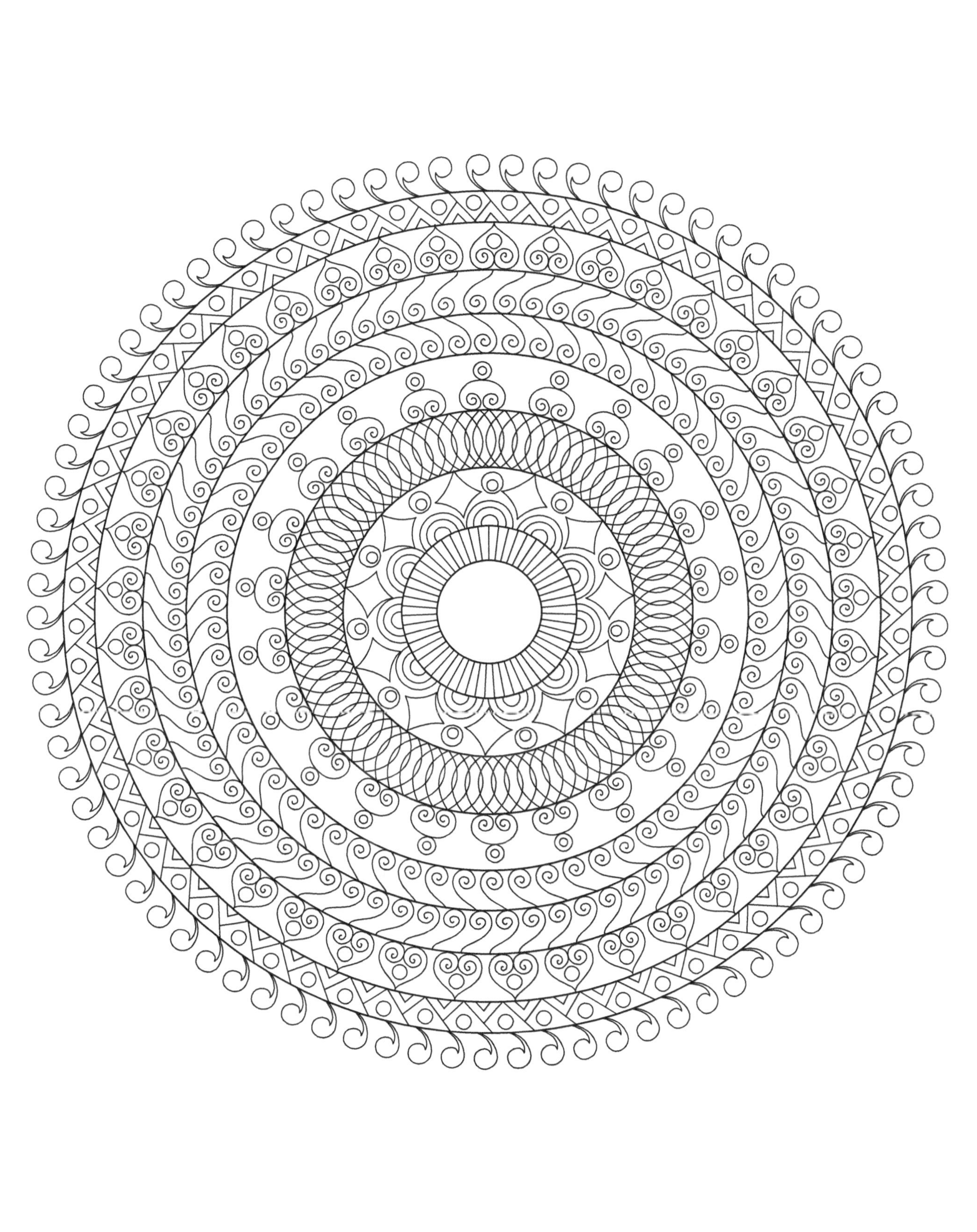

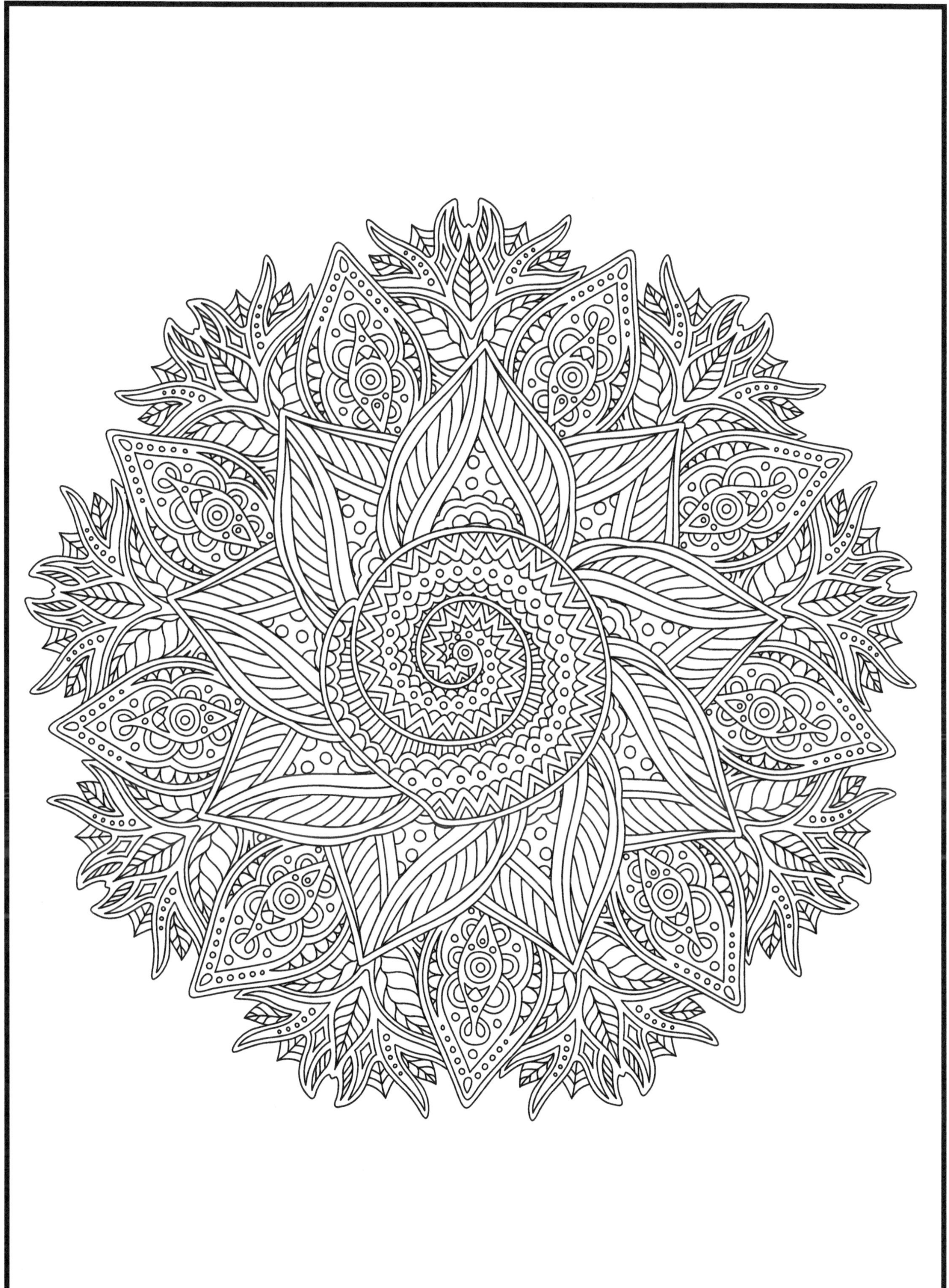

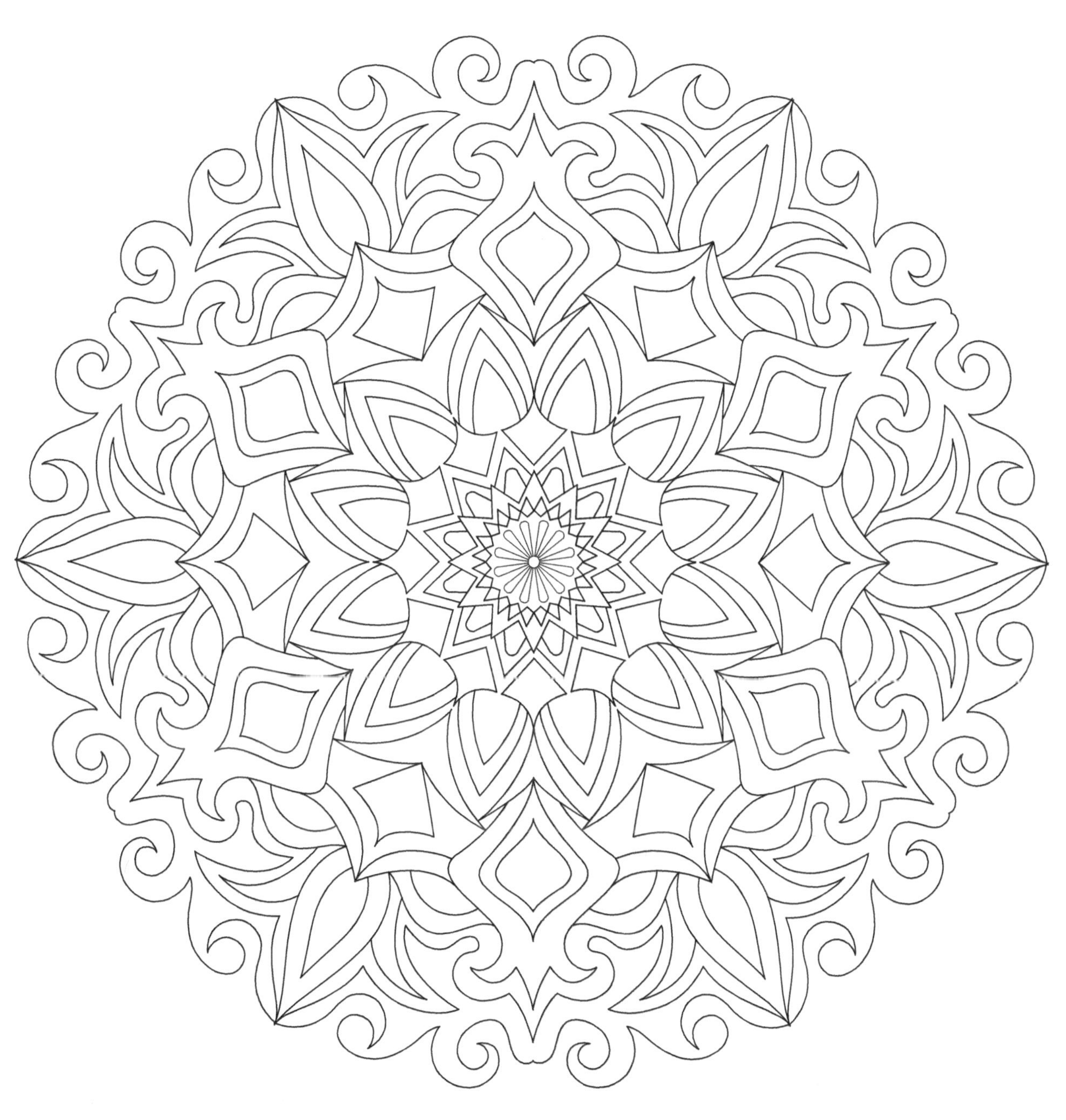

www.ingramcontent.com/pod-product-compliance
Lightning Source LLC
Chambersburg PA
CBHW082351150726
47998CB00020B/3045

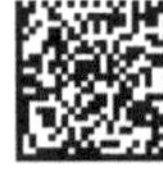